U0872723

汽车销售实务

第3版

主　编　孙　杰
副主编　王旭荣　王金萍
参　编　李红亮　苏德水　赵　娥　张学军

机械工业出版社

本书是以汽车4S店经营模式为背景，围绕汽车销售过程中涉及的各个环节，从职业岗位能力分析入手，以岗位工作过程为导向，构建以真实任务为载体的服务流程体系，校企合作共同开发的一本教材。

本书依据汽车4S店标准的新车销售流程，结合汽车营销技能竞赛的相关标准和要求，根据学生技能学习规律，设置了8个学习情境，包括销售场景认知、客户邀约、展厅接待、需求分析、车辆推介、洽谈成交、车辆交付、售后跟踪，细分为20个任务。本书采用一体化项目教学模式，紧紧围绕销售顾问岗位职责要求，把汽车销售过程中涉及的客户接待知识、汽车知识、客户服务知识等融入模拟的工作任务之中，实现了与企业职业岗位能力“零距离”对接，突出对学生职业能力与素质的培养，有利于提升学生职业能力和就业质量。

本书内容取自实践，图文并茂，结合课程内容设置了“多学一点”“想一想”“做一做”“你知道吗”“话术”“小提示”“职场实战”等小栏目，以激发学生的学习兴趣。为便于读者学习，编者将相关视频制成二维码插入书中，可有效提高学习效果。

本书可作为职业院校、高等专科学校、成人教育及本科院校二级学院汽车类专业教学用书，亦可以作为汽车4S店销售顾问的培训参考用书以及相关行业、企业人员培训、技能鉴定及自学用书。

本书配有电子课件，**凡使用本书作为教材的教师**均可登录机械工业出版社教育服务网（www.cmpedu.com）注册后下载。咨询电话：010-88379375。

图书在版编目（CIP）数据

汽车销售实务/孙杰主编. —3版. —北京：机械工业出版社，2023.5（2026.1重印）
ISBN 978-7-111-72959-4

Ⅰ. ①汽…　Ⅱ. ①孙…　Ⅲ. ①汽车—销售—高等职业教育—教材　Ⅳ. ①F766

中国国家版本馆CIP数据核字（2023）第059951号

机械工业出版社（北京市百万庄大街22号　邮政编码100037）
策划编辑：张双国　　　　　责任编辑：张双国
责任校对：韩佳欣　陈　越　封面设计：严娅萍
责任印制：单爱军
北京盛通数码印刷有限公司印刷
2026年1月第3版第6次印刷
184mm×260mm · 11印张 · 231千字
标准书号：ISBN 978-7-111-72959-4
定价：49.00元

电话服务
客服电话：010-88361066
　　　　　010-88379833
　　　　　010-68326294

网络服务
机　工　官　网：www.cmpbook.com
机　工　官　博：weibo.com/cmp1952
金　　书　　网：www.golden-book.com
机工教育服务网：www.cmpedu.com

前言

Preface

“汽车销售实务”是汽车技术服务与营销专业的专业核心课程，汽车销售知识和技能是该专业学生踏上工作岗位必须掌握的内容。本书将汽车4S店的真实服务场景搬进课堂，激发学生汽车销售服务实践兴趣，提高学生的自信心；以汽车销售案例为载体来设计教学，引导学生自主学习与练习，获取知识与技能，培养学生的综合职业能力。

党的“二十大”报告中指出：“育人的根本在于立德。全面贯彻党的教育方针，落实立德树人根本任务，培养德智体美劳全面发展的社会主义建设者和接班人。”本书在编写过程中以“诚实守信、守正创新、精诚服务”为主线，结合课程特色，突出培养学生在汽车销售中的诚信、严谨、创新的职业素养，以客户为中心的服务理念，践行社会主义核心价值观。

本书在编写过程中广泛征求了各相关院校和大量汽车4S店销售经理、内训师及资深销售顾问的意见，并充分考虑到了目前高等职业教育教学的特点和汽车4S店及汽车超市对相关人才的需求，结合汽车领域的职业要求，对接汽车营销评估“1+X”证书知识和技能标准，注重知识和实践技能的有机结合，突出体现职业教育的特色，课程内容与职业标准对接，实现课证融通，教学过程与汽车销售实践紧密结合，通过操作规范、安全意识、职业标准、环保理念等培养学生的职业素养，以培养汽车销售实用型技能人才为出发点，满足汽车领域高素质专业实用人才培养的需要。

本书由威海职业学院孙杰担任主编，山东交通职业学院王旭荣、淄博职业学院王金萍担任副主编。威海职业学院李红亮、苏德水、赵娥、张学军参加了编写工作。

本书在编写过程中参考了大量的资料和文献，在此对相关编著者表示诚挚的谢意。向在编写过程中提供帮助的威海康利隆汽车销售服务有限公司、威海瑞轩汽车销售服务有限公司、威海润洋汽车销售服务有限公司、威海安吉金阳光汽车销售服务有限公司等多家汽车企业的孙林、于燕、曲鹏等致谢。

由于编者水平有限，书中不妥之处在所难免，敬请广大读者批评指正。

编　者

二维码索引

目录

Contents

学习情境一

销售场景认知

目前我国的汽车营销模式主要有特许经营专卖店、普通经销商、汽车园区，其中特许经营专卖店为最常用模式，它拥有集品牌体验、车型展示、新车销售、售后服务和二手车置换于一体的经销商展厅。新车销售的主要场所是销售展厅，同一品牌的展厅设计采用全国品牌统一模式，具有消费者接待、车辆介绍、洽谈、成交等功能。

任务一　销售环境认知

任务目标

通过本任务的学习，应达到以下目标：

1）能够具体说明汽车销售展厅的布置。

2）能够区分汽车销售展厅的岗位分工。

3）能够明确汽车销售展厅各岗位的职能。

任务内容

刚刚毕业的李晓应聘成功，成为 ××× 汽车 4S 店的销售顾问，想到马上就可以在明亮的销售大厅里工作了，他心情无比激动。李晓走进展厅就感受到整个展厅的高雅格调和动感之美，接下来他需要了解自己应在哪个岗位工作。

任务实施

步骤一　展厅布局

做一做　认真观察汽车 4S 店的布局，分析不同品牌的汽车 4S 店布局有哪些异同。

一、展厅外部

展厅外部的主体构造物一般为品牌图腾柱，包括主标识牌、图腾标识、旗帜、徽章、服务指示牌等，以及试乘试驾车辆专区，如图 1-1 所示。

图 1–1　展厅外部

多学一点

展厅外部的布置要求

1. 定期清洁主标识牌、店门、墙面、徽章、指示牌等。
2. 保持地面整洁、无杂物。
3. 定期清洁门窗玻璃、保持整洁明亮。
4. 保持客户专用停车场干净整洁、画线清晰，指示牌洁净。
5. 试乘试驾车辆停车区应有明确标识，试乘试驾车辆车头向外整齐摆好。

二、展厅内部

展厅内部必须遵循品牌形象相关标准，展厅的地面、桌椅、沙发、茶几、内外墙面、玻璃墙、幕墙等应干净整洁，无杂乱饰品。为方便客户，展厅各功能区、服务区的出入口须有规范、醒目、温馨的指示牌或提示牌，如图 1-2 所示。

图 1–2　展厅内部

多学一点

汽车 4S 店组织结构图

汽车 4S 店组织结构图如图 1-3 所示。

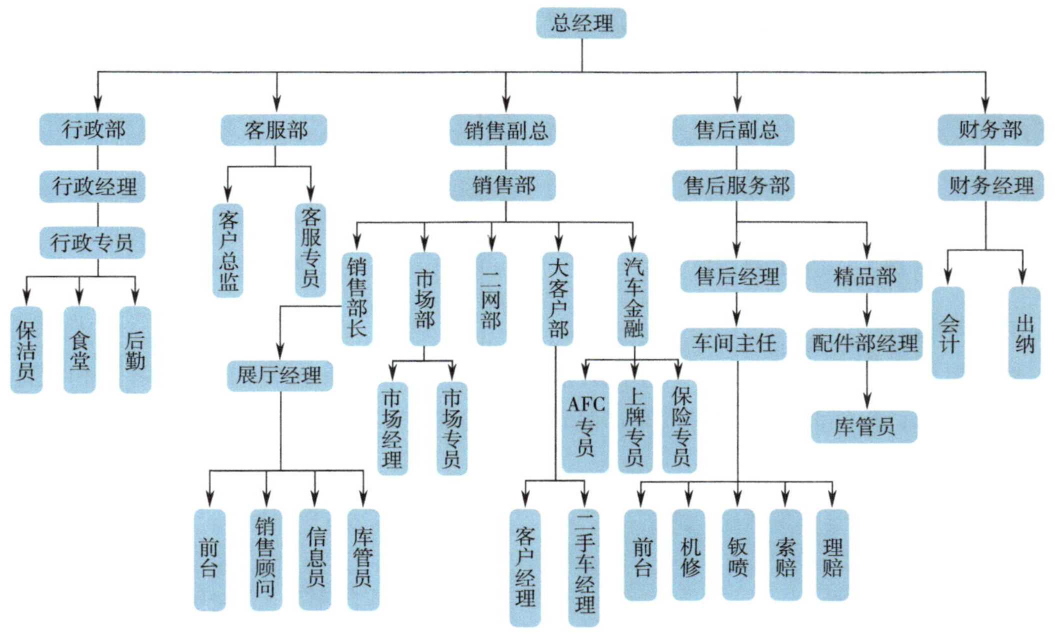

图 1-3　汽车 4S 店组织结构图

步骤二　展厅内布置

不同品牌汽车销售展厅的布置总体要求及功能大致相同，只是细节有所不同，不同功能区域具有不同的要求和布置。

一、展厅内布置要求

1. 展厅接待处

展厅入口处地面铺设写有“欢迎光临”字样的地毯，雨雪天放置“小心地滑”警示牌，左侧设立迎宾接待台，接待台应备有“来店（电）客户登记表”，及时记录客户信息，在桌面依次摆放销售顾问名片，如图 1-4 所示。

2. 展厅销售接待台

展厅销售接待台（图 1-5）应醒目规范，有客户接待指示标志，接待台面放有各种辅助接待工具及设备，整个购车环境清新舒畅，让客户心情愉悦放松。

图 1–4　展厅接待处

图 1–5　展厅销售接待台

3. 展车区

展台可形成灵活的演示区，展车前方放置车型信息架，展示展车的技术参数和配置，满足客户需求，自然激发客户对汽车产品消费的向往，如图 1-6 所示。展车间距离一般大于 1.5 米。

图 1–6　展车区

4. 销售洽谈区

销售洽谈区（图 1-7）要相对独立，以满足客户私密性需求。具有舒适感的洽谈空间能让客户感觉宾至如归。销售洽谈区应配有印有品牌 Logo 的纸杯及相应宣传资料。遵循以“真诚”和“人情味”对待客户的信息交流原则，可以通过 iPad 等设备自动演示购车流程，满足客户在使用功能和精神需求上的需要。

5. 客户休息区

客户休息区（图 1-8）设置在展厅中间，让客户有一种被包围的尊贵感，使用模块化家具和温暖材质增加亲和力，让客户度过愉快、舒适的休息、等待时光。

图 1–7　销售洽谈区

图 1–8　客户休息区

6. 客户 VIP 室

展厅应设置销售客户 VIP 室，在这里客户能享受到尊贵服务，如图 1-9 所示。VIP 室可采用木纹地板、皮革软包沙发和木质的电视机背景墙，营造出家的温馨。

7. 销售办公区

展厅中的销售办公区（图 1-10）是汽车经销商工作人员的办公场所。在这里应该让客户感受到汽车经销商规范的经营管理及工作人员良好的工作风貌。

图 1–9　客户 VIP 室

图 1–10　销售办公区

8. 品牌文化展示区

品牌文化展示区（图 1-11）可陈列蕴含汽车品牌文化和历史底蕴、展示各个时期发展历程的经典宣传图片，还可人性化地为车主们展示各种汽车的组件以及汽车的精湛工艺。

9. 儿童娱乐区

根据展厅合理布局，应因地制宜设置儿童娱乐区（图 1-12），最好具备读写、绘画、拼图等基本功能，供儿童休闲娱乐，以确保带有儿童的客户专心购车。

图 1-11 品牌文化展示区

图 1-12 儿童娱乐区

10. 新车交付区

新车交付区（图 1-13）可让客户购车之后，在这里享受到热诚、独特的交车仪式，让客户真正体会到经销商和工作人员的关爱，不仅能够满足客户对汽车产品功能上的需求，还能够使其享受到经销商的规范、专业及热情的服务。

11. 售后服务区

目前大多数汽车经销商都采用了开放式的互动售后服务区，如图 1-14 所示。客户可以通过查询台和透明的玻璃墙清晰地看到爱车的维修情况和步骤，充分体现了对人性交互的重视。该区的设置要让每一位客户体验到热情、持久、诚信的服务。

图 1-13 新车交付区

图 1-14 售后服务区

12. 其他

在展厅中应根据不同车型及经营的业务需要，布置相应的商品宣传资料及产品广告，如海报横幅、背景板、展架、资料架、地贴等，充分展示品牌文化，提供给客户至上的优质服务，保证客户方便、快捷地了解车辆，更好地满足客户需求。

二、展厅布置环境氛围

想一想　如何布置展厅才能让客户感到舒适、温馨？

展厅是汽车产品达成交易的场所，为了体现汽车品牌文化并感染客户，展厅布置在照明、温度、绿化、背景音乐方面都有相应的要求。

1）展厅照明宜采用明亮、中性柔和的灯光。

2）展厅应具有温度调节功能，室温一般维持在（23 ± 3）℃。

3）展厅内应保持通风良好，空气清新无异味。

4）为营造温馨、舒适的氛围，展厅绿化面积应不低于展厅面积的 3%。

5）在营业时间内应播放轻松优雅的音乐，曲调要和谐欢快，播放音乐时应注意音量，以不造成听觉压力和不干扰到与客户交谈为准。

知识巩固

1. 汽车 4S 店展厅外部设置有什么要求？

2. 汽车 4S 店展厅内部设置了什么样的岗位？

3. 展厅布置对环境氛围有什么样的要求？

任务二 销售人员认知

任务目标

通过本任务的学习，应达到以下目标：

1）做到汽车销售人员在销售环节中应具备的基本礼仪。

2）达到汽车销售人员在销售环节中应具备的基本素质。

3）满足汽车销售人员在销售环节中应具备的职业道德。

任务内容

进入公司后，李晓被分配到前台接待客户。要想成为一名合格的汽车销售人员应具备哪些基本素质呢？下面来看看他需要做哪些方面的准备。

任务实施

步骤一 塑造良好的汽车销售人员职业形象

在汽车4S店展厅中接待客户的主要是汽车销售人员，汽车销售人员是为客户提供顾问式汽车产品咨询和导购服务的人员。汽车销售人员在与客户交往时，给人的第一印象十分重要。对于汽车销售人员来说，给客户的第一印象往往会决定交易的成败，第一印象一旦形成，便很难改变。客户一旦对你产生好感，自然会对你和你所推销的产品产生好感。如何把握与客户初次见面的时机，给客户留下一个良好的第一印象呢？汽车销售人员的仪表、举止、谈吐等方面的表现显得格外重要。

一、汽车销售人员的仪容、仪表

汽车销售人员在与客户见面之初，对方首先看到的是汽车销售人员的仪容、仪表，如容貌和衣着。销售人员能否受到客户的尊重，赢得好感，能否得到客户的承认和赞许，仪容、仪表起着重要的作用，同时代表着企业的形象。

你知道吗？ 汽车销售人员如何修饰仪容、仪表？

修饰仪容的基本规则是美观、整洁、大方、典雅。汽车销售人员的衣着打扮一般应做到外貌整洁、干净利落，给人仪表堂堂、精神焕发的印象，具体表现如图1-15所示。

二、汽车销售人员的仪态

做一做 请按照标准训练自己的站姿、坐姿、蹲姿、指引手势。

仪态是人在行为中的姿势和风度，是一种行为语言。从容潇洒的动作会给人清新明快的感觉，端庄含蓄的行为会给人沉稳的印象。汽车销售人员必须在训练中达到提高个人仪态的目的，尤其要注意自己的站姿、坐姿、蹲姿、行姿、手势等。站姿、坐姿、蹲姿、行姿、手势规范如图 1-16~ 图 1-20 所示。

图 1–15　汽车销售人员仪容、仪表规范

站姿规范：
1）抬头，眼睛平视，挺胸直腰，平肩，双臂自然下垂，收腹。
2）女士：双脚并拢，脚尖分开呈V字形，双手合起，右手放在左手上，放在腹前。
3）男士：两脚分开，比肩略窄，身体重心放到两脚中间。站立时若空着手，可双手交叉，右手放在左手上，双手放前、放后均可以。

图 1–16　站姿规范

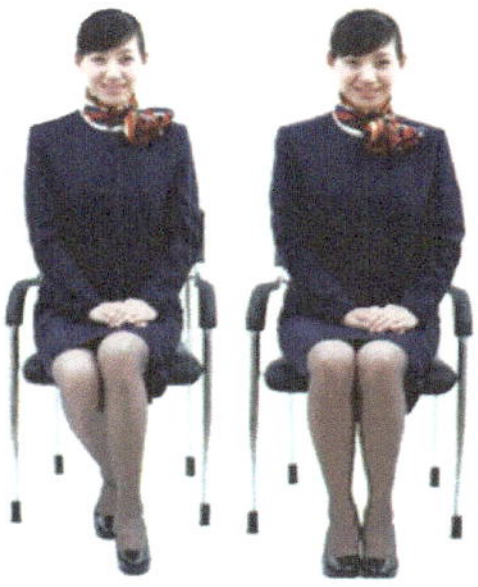

坐姿规范：
1）轻轻入座，至少坐满椅子的2/3，双膝自然并拢（男士可略分开），女销售人员穿裙时双腿斜放或平直放，双手自然摆放在腿上。
2）胸部自然挺直，直腰收腹，肩平头正，目光平视。
3）与人交谈时，身体要与对方平视的角度保持一致，身体稍向前倾，表示尊重。

图 1–17　坐姿规范

蹲姿规范：
1）下蹲时，右肢在前，全脚落地，左脚稍后，脚掌着地，后脚跟提起，左膝低于右膝，臀部向下，身体基本上由右腿支撑。
2）女子下蹲时两腿要靠紧，男子两腿间可有适当间隙。
3）下蹲时，上身保持正直，左、右脚可交换。

图 1–18　蹲姿规范

行姿规范：
1）抬头挺胸。
2）手臂自然摆动，步伐轻盈。
3）充满自信。

图 1–19　行姿规范

手势规范：
1）手势要求正规、得体、适度，手掌向上。
2）在指引方向时，应将手臂伸直，手指自然并拢，手掌向上，以肘关节为轴指向目标。
3）在介绍、引路、指示方向时，都应掌心向上，上身稍前倾，以示敬重。切忌以手指或笔尖直接指向客户。

图 1–20　手势规范

步骤二　汽车销售人员的职业素质

一、合理的知识结构

想一想　列出你喜欢的车型，这些车型有什么特点？

汽车产品属于大件的耐用消费品，为高档消费品。这类产品的价格较高，购买次数较少，客户在购买时多持慎重态度，一般在充分了解产品的特性、效用、价格、服务等众多因素之后才会做出购买决定。这就要求汽车销售人员具有合理的汽车产品知识，包括汽车文化、汽车结构、汽车配件、汽车营销、汽车保险、汽车金融等相关知识。

职场实战

汽车标准销售服务流程

为了更好地规范经销商销售人员的销售行为，各品牌厂家及经销商都制订了各自的销售流程，虽不尽相同，但都大同小异。图 1-21a 所示为上汽大众汽车公司标准销售服务流程，包括客户邀约、展厅接待、需求分析、产品展示、试乘试驾、交易洽谈、增值服务与成交、车辆交付与说明、忠诚客户培养共 9 个流程。图 1-21b 所示为上汽通用汽车公司的别克汽车标准销售服务流程，虽然流程名称不尽相同，但服务的内容都包含在其中。

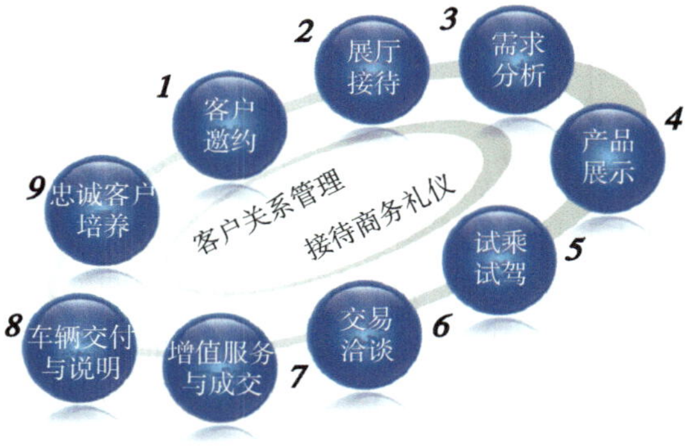

a）

b）

图 1-21　汽车标准销售服务流程

a）上海大众汽车公司标准销售服务流程　b）上汽通用汽车公司的别克汽车标准销售服务流程

汽车销售人员还需要对汽车市场状况的不断变化及竞争对手的新动态做出判断，尽快调整销售计划，来适应客户的反应及需要，为客户选择满意的车型。

你知道吗？　汽车销售人员需要具备生活素养方面的知识。

汽车销售人员在销售汽车产品时的原则是不要直接谈销售，要善于找到客户感兴趣的话题，如篮球、旅游、投资理财、养生等，以便在工作中拉近与客户的距离、愉快沟通并成为朋友。这就要求汽车销售人员具备生活素养方面的知识，平常多涉猎社会新闻、经济、工业、商业新闻、娱乐新闻、子女教育、旅游休闲、金融、房产投资、体育新闻各方面的信息，储备必要的素材以便分析不同客户的需求。

二、良好的心理素质

想一想 乔·吉拉德是世界汽车销售第一人，创造了吉尼斯世界纪录，他是如何做到的？

1. 自信

汽车销售人员要有充分的自信，这是决定汽车销售工作能否成功的内在力量。汽车销售人员无论是对公司、对产品，还是对自己都要充满信心。

首先，必须对自己要有信心，不能将自己的工作认为是去求别人购买产品，而应认为是在为他人提供需要的产品，是在帮助别人；对待工作要充满自信，时刻提醒自己“我能行”，以十足的信心去克服成交障碍。其次，汽车销售人员应对自己的产品和公司有信心，要让客户喜欢自己的产品和自己所在的公司，从而购买自己的产品。客户不会愿意与对自己的产品和企业都不自信的汽车销售人员打交道，因为这样的销售人员根本无法说服客户购买他的产品。

汽车销售人员要相信自己的能力，相信企业能为客户提供好的产品，相信自己销售的产品是优质的。这样，汽车销售人员在面对巨大的压力和困难时，才会勇敢地去面对与承受，从而取得销售的成功。

2. 自我激励

自我激励能力是汽车销售人员必须具备的一种内在的驱使力，使其个人要去做一名成功的销售人员，而并不仅仅是为了报酬或得到上级的赏识。虽然从心理学的角度来讲，一般人工作是为了获取报酬和晋升的机会，现实中也是这样，汽车销售人员也不例外，但是如果一个汽车销售人员缺乏内在的驱使力，那么当他的工作达到某一个水准时，他的销售业绩就会基本停滞不前，甚至开始逐渐下滑，原因就在于缺乏自我激励能力。因此，要想成为一名优秀的汽车销售人员必须具备自我激励能力。

3. 自主学习

汽车市场是一个变化比较快的市场，汽车销售人员应掌握和了解汽车界各品牌及车型的最新信息、知识，具备各级别车的上市、报价、性能变化以及现代汽车的贷款、保险、维护的常识。同时，汽车产品属于一种科技产品，它包含许多其他领域当前前沿的技术，如 EBD（车辆的电子制动力分配）、ESP（电子稳定程序）、发动机的节油配置等。汽车销售人员知道的产品知识越详细，客户就越容易相信，对其产品会更加认同，这样整个销售过程就会比较顺利。因此，汽车销售人员应不断学习，挖掘自身潜能。

小提示 汽车知识学习渠道

1）可参阅的书报，如《中国汽车报》及地方报纸汽车版等。

2）可参阅的杂志，如《中国汽车画报》《汽车杂志》《汽车之友》《汽车导报》《名车志》《汽车族》等。

3）可参阅的网站，如中国汽车网、汽车之家、新浪汽车、搜狐汽车等。

汽车销售人员必须学习公司的策略与销售风格，以及成功与失败的经验。想要做一个成功的职业销售人员，就必须勤奋不懈，坚持学习，不断更新业务知识，掌握更为先进的汽车营销方法和技巧。

多学一点

学会自我总结很关键

想成为一名优秀的汽车销售人员，要善于总结，能把不同的客户资料进行综合分析和总结，针对各类型的客户采取最适合的接近方式及开场白。同时，汽车销售人员要不断发现自己在销售过程中的缺陷，不断进行改进。推销的机会往往稍纵即逝，必须迅速、准确判断，细心留意，以免错失良机，更应努力创造机会，把精力集中在正确的目标上。

4. 韧性

汽车销售涉及的范围宽泛，要不断地去拜访客户、协调客户，甚至跟踪消费者提供服务。汽车销售工作的一半靠行动，这就要求汽车销售人员具有吃苦耐劳、坚持不懈的韧性。汽车销售工作会遇到客户的投诉、抱怨、误解及不断更新的产品知识等诸多困难，汽车销售人员要有解决的耐心，更要有百折不挠的精神。

三、娴熟的沟通技能

想一想　“卖车就是在交朋友”。你认同这句话吗？如何才能与陌生人交朋友？

1. 现场应变能力

在目前的市场环境中，对于同一款车、同样的价格，为什么有些汽车销售人员很快就可以与客户成交，而有的销售人员则需要更长的时间或根本就卖不出去呢？其实，根本原因不在于车型如何，也不在于价格高低，而在于销售人员的应变能力和说服能力。应变能力是在有压力的情境下，思考、解决问题时能够迅速而灵巧地转移角度，随机应变、触类旁通，做出正确的判断和处理的一种能力。汽车销售人员每天要和不同的人交往，每天会遇到不同的事情，对同一件事情每个人都会有不同的想法和看法，对同一辆车每个人也会有不同的见解。汽车销售人员应该知道怎样去应变、怎样才能打动客户，这是很多销售人员都很难做到的。应变能力因人而异，不同的人具有不同的应变能力，优秀的汽车销售人员应该具有应对市场变化及突发事件的能力，从而增强其销售竞争力。

2. 语言表达能力

在与客户沟通交流及进行汽车产品介绍时，需要清晰、准确、完整和具有亲和力的语言表达。在沟通和讲解中，销售人员一定要做到熟练、自然、心境平和、从容不迫，给客户留下利落、能干的印象，这会增强客户购买车辆的信心。

你知道吗？ 语言表达的6C原则是什么？

语言表达的6C原则是指清晰、简明、准确、完整、有建设性和礼貌。

（1）清晰(clear)指表达的信息结构完整，顺序有致，能够被信息接收者所理解。

（2）简明（concise）指表达同样多的信息要尽可能占用较少的信息载体容量。

（3）准确（correct）是衡量信息质量和决定沟通结果的重要指标。首先是信息发出者头脑中的信息要准确，其次是表达信息的方式要准确，特别是不能出现重大的歧义。

（4）完整（complete）对信息质量和沟通结果有重要影响的一个因素，要全面看问题，看到事情的方方面面，切忌“盲人摸象”。

（5）有建设性（constructive）是对沟通目的性的强调。沟通中表达的信息要清晰、简明、准确、完整，还要考虑信息接收方的态度和接受程度，力求通过沟通使对方的态度有所改变。

（6）礼貌（courteous）礼貌、得体的语言、姿态和表情能够在沟通中给对方留下良好的第一印象，拉近与客户的心理距离，有利于沟通目标的实现。

3. 发现问题和解决问题的能力

汽车销售人员每天都要面对不同的客户并向其推销自己公司的产品，也要向领导汇报工作、申请促销等。汽车销售人员发现问题和解决问题能力的高低成为直接影响销售结果的重要因素。当汽车销售人员回访客户的时候，如何让客户愿意在电话里跟自己沟通，而不是一报家门，客户就挂电话或者找理由说很忙呢？如何让客户把真实需求说出来，而不是总是防备着自己？如何让自己的潜在客户不是系统里的一堆数据，而真正成为意向客户？为什么自己的工作做得这么到位，客户还是挑三拣四？如何让客户认同汽车销售人员和汽车产品？在工作中应不断发现问题、分析问题，最后找到方法来解决问题。

小提示 汽车销售人员在处理问题时应注意的问题

汽车销售人员在发现问题和解决问题时应做到冷静、沉着，不受客户情绪的影响。做到：你发火，我耐心；你粗暴，我礼貌；你埋怨，我周到；你有气，我热情。最终让客户满意并实现汽车产品销售。

四、融洽的客户关系

作为汽车销售人员，在汽车展厅中必不可少的就是与客户进行交流和沟通。在与客户沟通的过程中，客户的一个眼神、一个表情、一个不经意的动作等都是其内心世界的反映，一个优秀的销售人员一定要善于把握。销售人员应该具备一定的沟通能力和技巧，在与客户沟通中，要持有认同、豁达、平衡的心态。

1. 认同

认同即要求有清晰的角色意识。汽车销售人员一定要认清应该做什么、不该做什么，应该说什么、不该说什么。角色认同可以用“假如我是……”的思路将心比心，由己及人，设身处地地进行角色转换，站在对方的角度来思考和处理问题。认同别人才能认可自己、肯定自己，只有充分地交流才能交心，最终达成交易。

2. 豁达

豁达就是对于生命中的残缺保持一种乐观的态度。宽以待人，避免将客户置于尴尬境地。遇到问题从大局着想，以企业利益为重、以客户利益为重。

3. 平衡

“客户第一”是汽车销售人员的服务理念，但由于很多汽车销售人员的良好服务并未受到应有的回应和支持，造成观念和情感上的冲突，做得不好时会受到来自各方面的责备，而做得好时却没得到认可，由此会产生委屈心态。汽车销售人员应及时调整心态，积极应对。

多学一点

建立人脉资源

优秀的汽车销售人员应具备建立人脉资源的能力，但这不是要汽车销售人员去讨客户的欢心，而是应该真正去关心客户的利益，关心客户的业务发展方向，关心怎样才能帮上客户的忙，从而提升自己的人脉竞争力。

提升人脉竞争力必须做到：①建立守信用的形象；②增加自己被利用的价值；③乐于与别人分享，不管是信息、金钱利益或工作机会，懂得分享的人，最终往往可以获得更多，机会也就越多；④把握每一个帮助别人的机会，无论客户的职位高低，都要尽量帮助别人。

步骤三　汽车销售人员的职业修养

一、良好的职业道德

汽车销售人员除应遵守一般销售人员的职业道德之外，还应具备汽车销售行业特殊的职业道德。

1. 遵守法律法规

遵纪守法，维护公德，陶冶品行，注重修养，重视汽车销售人员职业声誉；依法经营，执行规章制度，服从分配，忠于职守，工作有序，维护企业文化和形象。

2. 做好汽车业务

汽车销售人员应按汽车经销商的工作流程，为客户提供标准、规范的服务，注重售前、售中、售后服务；掌握业务范围内的知识和技能，业精技强，开拓客户，建档回访；规范行为、诚实守信、履行合同、同行互助、公平竞争，拓展思路，高效务实，服务到位，努力完成企业各项指标，共同提高汽车销售服务水平。

3. 注重文明服务

仪表端庄，言语文雅，态度诚恳，讲究卫生，以真诚的态度接待客户；诚信对待客户；严谨求实，认真对待，热情服务，客户至上，提供周到和细致的汽车销售服务。

4. 构建和谐关爱的团队

诚信友爱，和睦相处，相互协调，团队合作，融入企业氛围；爱岗敬业，尽心尽责，参与管理，做个称职的汽车销售工作人员。

二、维护企业利益

汽车销售人员作为企业的一个成员，其言行举止代表的都是企业的形象，是企业素质的体现，是连接企业与社会、消费者、经销商的枢纽。因此，汽车销售人员必须有责任心，所有的言行对企业负责，真诚对待企业和同事，只有这样，才会赢得客户的尊重，为企业带来效益；严禁损企利己；尊重企业，维护商誉、秉公办事、不谋私利、抵制有损企业利益的行为。

三、保护客户利益

确保客户采购的汽车可以为客户带来需要的利益是一种销售技能，也是深入获得客户信任的一种有效方法。从获得客户好感入手，使客户逐步建立对销售人员的信任，直到建立一种可靠的关系才是销售的终极目标。

你知道吗？ 汽车销售人员会无意识地损害客户的利益。

汽车销售人员会因为对汽车产品知识的掌握不够或仅从提升个人业绩的角度出发，损害客户的利益。通常表现在以下两个方面。

1. 销售人员与客户交往的过程中

（1）误导性展示产品或误导产品信息　对产品和产品相关的服务提供虚假、欺骗或误导性信息，比如在描述所介绍的产品的优点时夸大其词。这是一种对客户不负责任的行为。

（2）互惠交易　如销售人员暗示说，如果在他们销售服务满意度调查的时候打高分，将送一套座椅给客户。这样做的结果往往会干扰其他客户的知情权。

（3）强行买卖　也就是骚扰性销售，客户明确告诉销售人员不会购买产品，而销售人员仍经常打电话给客户，乃至使客户不堪忍受或为了避免骚扰而购买产品。

2. 对待竞争对手的过程中

故意贬低竞争对手，散布一些不真实的信息抹黑竞争对手。比如，销售人员说，××品牌汽车的安全性很差，便会在无形中损害客户的利益。

汽车销售是一个双赢的过程，只有保护好客户的利益，才能带给企业和个人最大的利益。

知识巩固

1. 请按照标准训练自己的站姿、坐姿、蹲姿、指引手势，时间为30分钟。

2. 汽车销售人员应具备哪些知识？

3. 请说出上汽大众汽车公司的汽车销售标准服务流程，收集其他公司销售标准服务流程并比较它们的异同。

4. 汽车销售人员应具备哪些职业修养？

任务三 销售车辆认知

任务目标

通过本任务的学习，应达到以下目标：

1）能够根据标准布置展车外观。

2）能够根据展车内部布置标准进行展车内部布置。

3）能够依据标准对展车进行检查。

任务内容

汽车销售顾问李晓第一天上岗工作，例行早会后，李晓发现汽车销售人员的第一件事是准备展车，李晓很想知道如何准备展车，有什么样的标准来衡量展车准备是否合格。

任务实施

汽车销售人员的销售对象泛指展车。在汽车销售环节中，展车外观、展车内部的准备工作是整个销售流程中的重点。汽车销售人员应掌握展车检查标准的核心内容并认真实施。

步骤一 展车外观准备

放在展厅内的展车外观应清洁光亮，要做到金属镶条、风窗玻璃及门窗玻璃保持光洁；车辆的前、后车牌保持清洁；展车轮胎下方垫有轮胎垫；展车功能正常、前座车窗降下、天窗开启，展车充分充电，以利展示用电设施；展车不得上锁，展车钥匙一律取下，通常由展厅值班主管统一保管。

步骤二 展车内部准备

展车内不得放置任何宣传物及私人物品，展车内的座椅都调整至标准位置，展车内放置清洁专用的脚踏垫（不得使用纸制品）。

各项电器设施（如时钟与音响）应使用正常，将转向盘调整至最高位置，座椅头枕调整至最低位置，前排座椅椅背位置对齐B柱。

发动机舱内部可见部分、行李舱内部保持洁净，随车物品摆放整齐。

步骤三 展车总体检查

展车的摆放要符合品牌要求，展车轮毂上若带有品牌Logo，应保证Logo平正，同时需要除去展车的内饰塑料保护膜，展车要定期进行清洗及打蜡处理，内、外部应始终保持清洁，风窗玻璃和车窗保持干净明亮。展车检查标准见表 1-1。

表 1-1　展车检查标准

序号	项　目	序号	项　目
1	展车车身无划痕、凹陷	8	车顶干净无灰尘
2	车身漆面整洁光亮，无手纹	9	展车内专用地毯干净无异物
3	玻璃内、外侧擦拭干净，无手纹或水痕	10	行李舱干净整洁、无异物
4	车身外饰及各种装饰条干净无损、车型标识牌整洁	11	发动机室保持干净、无灰尘
5	轮胎导水槽整洁、无石子，轮毂干净，轮胎打过轮胎蜡，有轮胎垫	12	展车蓄电池均有电，各项电器设施使用正常
6	内轮弧清洁无灰尘	13	展车都配有车贴牌，保证车贴牌干净整齐
7	内饰、仪表板、座椅干净	14	展车每星期至少起动 1 次，如有电动座椅，车辆应每天起动 1 次（下班后）

职场实战

产品展示要求

销售服务商展车、展品、展厅 POSM 规范等符合经销商品牌标注，由零售经理进行日常管理。

1）展车定期更换，进行车辆整备及清洁等管理。

2）根据相关政策和信息及时更新销售服务商的产品、服务的费用及明示等。

3）对于提前加装附件的展车，在显著位置标示附件加装明细、附件套装售价或特别版车型整体价格。

多学一点

了解销售的车型

对于自己的产品，应能掌握各车型的配备、性能和所有技术参数，以便随时可以提供给客户，作为介绍和讲解的依据；对于和自己的产品形成竞争的品牌和车型，要能够给客户提供相关数据进行参数分析和比较；产品资料充分供应。

知识巩固

1. 展厅内展示车辆的准备，对展车外观和内部有哪些要求？

2. 从哪些方面对展车进行总体检查？

学习情境二

客户邀约

对展厅销售而言，展厅是汽车销售人员与客户接触的主要场所，只有客户到店，销售才能有真正的机会，达成销售目标的必要条件是有足够的销售机会。因此，客户邀约是汽车销售流程的起始。如何在第一时间礼貌、规范地主动联系客户并邀约成功是汽车销售的重中之重。

任务一　主动联络与邀约客户

任务目标

通过本任务的学习，应达到以下目标：

1）能够详细列出主动联络与邀约客户所需信息。

2）能够做到规范地主动联系客户。

3）能够吸引客户前来展厅。

任务内容

汽车销售顾问李晓已经掌握了展厅的岗位职责，接下来他要学习的内容是找到自己的客户。那如何联系到客户并邀约到店呢？李晓认真地向资深的汽车销售顾问和销售经理进行了学习。

任务实施

步骤一　潜在客户开发

一、潜在客户开发渠道

想一想　汽车销售人员从哪些渠道得到潜在客户的信息？

作为汽车销售人员要从各种渠道了解潜在客户并进行主动联络。潜在客户的来源渠道如图 2-1 所示。

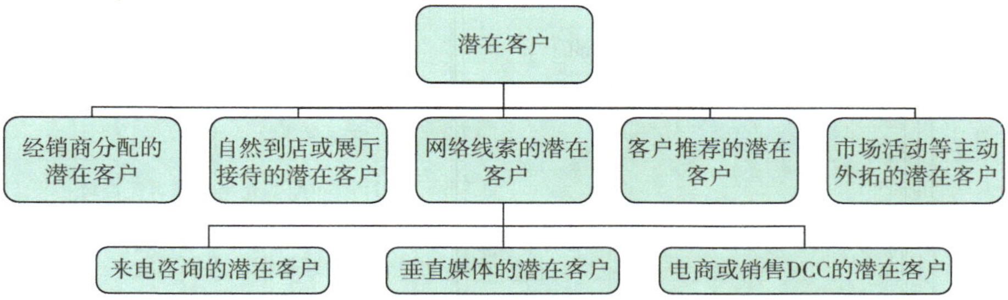

图 2-1 潜在客户的来源渠道

汽车销售人员还可以通过网络开发意向客户、由售后转为介绍意向客户、增购换购二手车市场挖掘及主动发展人脉等方式获取潜在客户。

二、潜在客户信息收集

汽车销售人员需要尽可能详细地了解潜在客户的用车信息，清楚客户最关注的是什么，曾考虑过哪些竞品，为什么还没有实施购买行动等，如图 2-2 所示。

图 2-2 潜在客户信息收集

步骤二 网电营销

想一想 互联网已成为汽车用户首选的信息渠道，面对互联网用户渠道，汽车经销商面临什么机遇和挑战？

一、组织架构与岗位设置

目前各汽车经销商根据本店销售 DCC 组建阶段不同，有展厅与销售 DCC 一体化管理模式、销售部下设 DCC 部门并设置数字专员管理模式和市场部下设 DCC 部门并设置数字专员 / 邀约专员管理模式 3 种模式。其各自组织架构如图 2-3~ 图 2-5 所示。

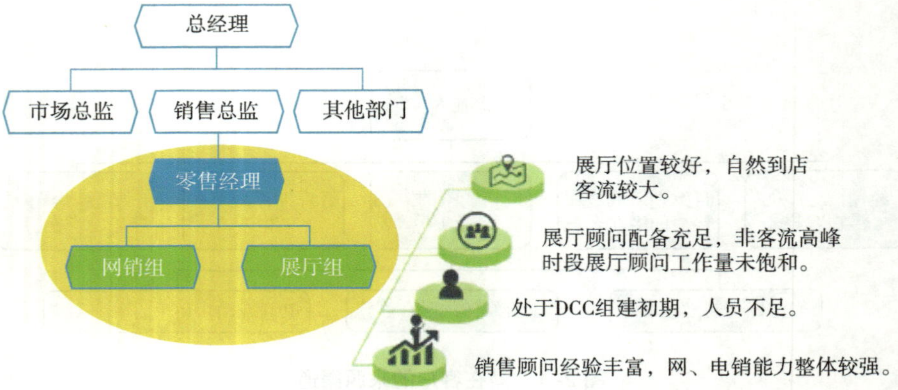

图 2-3 展厅与销售 DCC 一体化管理模式

图 2-4 销售部下设 DCC 部门并设置数字专员管理模式

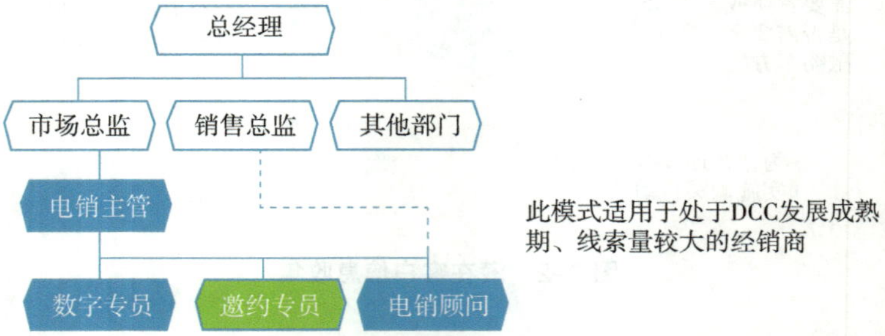

图 2-5 市场部下设 DCC 部门并设置数字专员 / 邀约专员管理模式

二、电话营销目的

想一想 销售 DCC 是做什么的？

DCC（Direct Call Center）即直复呼叫中心。网电营销是销售的网络化，是对非展厅客户的生命周期的管理。它可以提高非展厅、低意向客户的贡献度。

DCC 的目标是网上潜在客户的线索收集、线索培育及接待成交，因此电销人员要给客户留下专业的印象、赢得客户的信任、留下客户信息，最终邀约客户到店，如图 2-6 所示。

图 2-6　DCC 的目标

三、网络线索收集与分配

网络线索是指所有线上渠道的客户线索。网络线索收集与分配见表 2-1。应重点关注总部电商提供和销售服务商 DCC 部门通过垂直媒体等获取的线索。

表 2-1　网络线索收集与分配

客户线索来源	渠 道 说 明
总部线索	× × × 官网、CRM
垂直网站	易车网、汽车之家、太平洋汽车网、爱卡汽车网等
电商平台	车享网、天猫、京东等
社交媒体	微信、微博、QQ 等
销售热线	展厅热线电话等
外拓活动	DM、外展等
存量客户	低意向潜在客户、战败客户、成交客户等

四、网络线索甄别

消费者通过网络收集购车信息是大势所趋，但网上的信息存在一些虚假、重复等状况，销售服务商只有不断加强、优化对网络线索进行甄别、筛选、跟进等动作，与潜在客户进行良好的互动，才能让销售线索的质量不断提升。

重点关注客户的购车时间、意向车型、意向经销商、看车经历和增值业务需求等信息，并将信息转化为有效销售线索，积极留取客户微信，不仅能加强沟通，也有助于判断潜在客户的购车意愿，便于销售人员跟进。

话术

汽车销售人员：王女士，我这边有一些高清视频可以给您作为参考，可以通过微信发送给您。您看是否方便加一下微信？您的手机号码就是您的微信号码吗？

汽车销售人员： 我稍后加您微信，麻烦您通过一下申请。您放心，平时不会骚扰您。您如果有任何问题，都可以随时在微信上联系我，保证及时回复。

汽车销售人员： 李先生，您看是否方便加一下微信？这样可以通过微信预约看车时间、回答您关心的问题，不会在您不方便的时候打电话给您的。您的手机号码就是您的微信号码吗？

小提示 微信沟通时注意事项

微信沟通不仅能甄别、筛选信息的真伪，还可以促进跟进。在用微信进行沟通时的注意事项如图 2-7 所示。

图 2-7 微信沟通的注意事项

职场实战

网电 KPI 体系及绩效管理（表 2-2）

表 2-2 网电 KPI 体系关键指标和注释

KPI 关键指标	注 释
网电总线索量	定期通过在线平台获取的所有潜在客户，加上展厅热线呼入的客户
有效线索量	在计算时间内，通过网电渠道获得的有效线索数量
潜在客户量	有购买 ×× 公司产品的意向并已掌握其准确电话号码的潜在客户
电约到店潜在客户量	网电渠道来源的到经销商看车的客户
订单量	网电渠道交付一定额度订金的订单数，包括现货订单和期货订单
成交量	网电渠道完成的成交量

多学一点

特斯拉公司的直销模式

特斯拉公司在选择进入国际市场的模式时，主要采取特许经营和投资建厂两种方式进入市场。特斯拉公司在全球范围内实行“官网订购 + 实体体验”的直销模式。

特斯拉公司为何选择直销模式？特斯拉公司总顾问托德·玛伦在向美国联邦贸易委员会解释为什么特斯拉公司要采用直销模式的时候，给出了 7 个理由：

1）离消费者近一些。

2）工厂零库存。

3）电动汽车需要有一个培训消费者的过程。

4）经销商利润来源不同。

5）经销商依赖车企提供广告资金。

6）经销商无法进行溢价赚钱。

7）同经销商主流经销的传统汽车产生利益冲突。

特斯拉公司直销模式的主要操作流程：车型了解、意向购买→门店体验、预约试驾→官网预订、支付定金→工厂接单、定制生产→支付尾款、车辆交付。对于消费者而言，特斯拉选择的直销模式与传统 4S 代理经销模式相比，因为取消了经销商，减少了中间环节，简化了购买流程，有机会降低用户的购买成本。线上购买明码标价，可以让消费者公平、透明消费。自营的线下体验店可以提供标准化、专业化以及不以现场直接成交为目的的体验服务。

步骤三 建立潜在关系

一、潜在客户联络

1. 网络潜在客户联络

（1）准备工作 主动联络并邀约客户是达成客户邀约的重要环节，对于公司增配的潜在客户，汽车销售人员应在接到客户系统分配的资料 24 小时内进行第一次跟进。在开始打电话之前，汽车销售人员应做好必要的准备工作。

做一做 请认真做好给陌生人打电话的准备工作。

汽车销售人员一般是通过电话联络潜在客户，打电话之前要做好充分的准备，在通话过程中要将重要信息记录下来。具体的准备工作如下：

1）潜在客户的姓名、称谓。汽车销售人员一定要用礼貌、规范的用语称呼对方。恰当的称呼会让客户感到亲切，如“您好，请问是 × 先生 /× 女士吗?”或“您好，请问是 × 经理 /× 主任吗?”

2）想好打电话给潜在客户的理由。汽车销售人员应从为客户提供信息、邀请到店参加相关活动等关心客户的角度出发，体现汽车经销商和汽车销售人员规范、专业、人性化的服务。

3）准备好要说的内容。汽车销售人员应以客户为中心，为客户着想，认真将要表达的内容组织好，尽可能准确、简短地表达清楚，以节约客户的时间。

4）想好潜在客户可能会提出的问题。只有充分地准备，才能专业、准确地回答出客户提出的问题，以体现汽车经销商规范的管理和汽车销售人员良好的职业素质，进而赢得客户的好感和信任。

5）想好如何应对客户的拒绝。电话邀约客户时，遭到客户的拒绝是很正常的事情，从某种程度上说，销售始于"拒绝"，汽车销售人员要正确对待客户的拒绝，对客户保持关注。

（2）打出电话

你知道吗？ 打出电话的流程是怎样的？

做好充分准备后，汽车销售人员要明确打出电话应遵循的流程，按照流程规范邀约客户。打出电话的流程如图 2-8 所示。

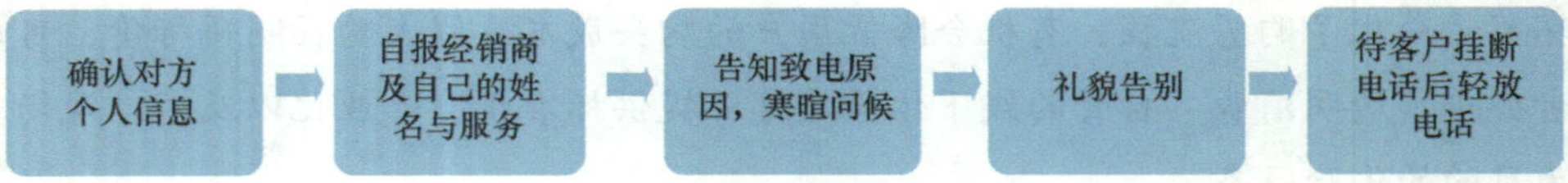

图 2-8 打出电话的流程

（3）回应客户关注点　有效应对客户的关注点，例如价格、库存信息等，针对价格询问，可通过包含增值业务内容的营销打包方式予以应对，引导需求。

话术

汽车销售人员： 您好，请问是蔡 ××，蔡先生吗？

客户： 对，我是，你是哪位？

汽车销售人员： 蔡先生您好，我是 ×× 销售服务店的销售人员李晓。您昨天登录我们 ×× 公司的网站，希望了解我们的 ××× 车型，所以今天我打电话跟您沟通一下。

客户： 是这样，那款车现在卖得怎么样？

汽车销售人员： 蔡先生，谢谢您对我们 ××× 车型的关心，现在这款车很受市场的关注，而且有相当多的客户已经购买和预订了，大家反映这款车很不错。

客户： 那要买这款车是不是需要等很久呀？

汽车销售人员： 蔡先生，近期 ××× 车型在店里正好有统一的活动，希望大家对我们的 ××× 车型有进一步的了解，因此，我们邀请您来我们店，到时有试乘试驾活动，另有精美礼品赠送，此外还有抽奖活动，奖品很丰厚，到时可以带着您的朋友一起来。

客户：好的，请问活动什么时候举办？

汽车销售人员：这个周末，分为上午场和下午场两场，请问您什么时间能到？

客户：上午吧。

汽车销售人员：上午，好的，蔡先生，咱们先这样确定下来。活动前两天我会再给您打电话确认一下，如果有什么问题请及时跟我联系，我的电话是××××××××。稍后我会把我的联系方式发到您手机上。期待您的光临。

小提示 接听电话时应左手持听筒、右手拿笔

汽车销售人员在与客户进行电话沟通过程中往往需要做必要的文字记录。提倡用左手拿听筒，右手写字或操纵计算机，这样就可以轻松自如地与客户沟通。

2. 基盘客户维系

汽车销售人员不仅要完成公司分配的邀约任务，还应积极拓展自己的潜在客户渠道。汽车销售人员往往可通过来电客户、外拓客户、推荐介绍客户、换购增购信息、朋友及客户推荐等渠道得到自己的潜在客户。对于外拓客户应主动获取客户信息，并进行后续跟进。

话术

汽车销售人员：李小姐您好，我是×××4S店的销售人员李晓。

客户：噢，你好，你有什么事情吗？

汽车销售人员：李小姐，是这样的，您昨天来电向我们咨询公司的新车，真巧，今天我们就接到消息，下个周日针对这款新车会在店里举行上市发布会。

客户：噢，是吗，可以看到新车吗？

汽车销售人员：当然，这款新车今天就已到店，我们也是第一次看到，非常不错。您对我们的新车一直都很关注，为了表示我们的谢意，诚恳邀请您和您的家人来我们店参加新车上市的活动，到时您可以近距离地了解这款新车，相信一定不会让您失望。

客户：好的，如果那天没有别的事情，我会过去看看。

汽车销售人员：好的，欢迎，欢迎，我会提前两天跟您确认您的时间。我的电话是××××××××，如果有问题，请及时联系好吗？

想一想 客户应邀第一次来到展厅之后，汽车销售人员应在多长时间内进行跟进，并再次确认？

客户应邀第一次来到展厅之后，汽车销售人员应在24小时内进行跟进，并再次确认

客户来店的时间。

二、客户信息沟通

汽车销售人员接听电话时要聚精会神，仔细倾听客户的询问，理解客户所表达的意图。在通话过程中，要不时地说“是”“对”以反馈客户，要与客户形成积极的双向交流。

小提示 通话时要耐心、热情、准确、专业

通话时，客户虽然看不到汽车销售人员，但是客户一定会注意到汽车销售人员的声音、态度，所以在通话时汽车销售人员应注意谈吐的礼貌、规范，声音要适中、清晰、柔和；注意力要集中；面带微笑，虽然客户看不到汽车销售人员的微笑，却能够感觉到说话人快乐的心情，从而感到舒适、轻松，没有压迫感。面对客户的提问一定要如实、专业地进行回答，并对车辆的品牌、性能、特性等进行准确、专业的介绍。

汽车销售人员接听电话过程中要善于提问，适时发问可刺激客户谈话，了解尚不清楚的事情，如“您看中了我们的哪款车?”“您已经决定购买该车型了吗?”，汽车销售人员对于重要的或不明白的内容，可以请客户重复一遍再次确认，如“不好意思，我没听清楚，请您再说一遍好吗?”“请问您刚才说的是不是……”，汽车销售人员要解答客户的咨询，并进一步判断客户的真实需求。

你知道吗? 客户的哪些信息比较关键?

汽车销售人员在打电话与客户交流的过程中，要抓住客户的关键信息，如客户联系的日期与原因、与客户交流的结果、客户到店或购买车辆的可能性以及到店日期。

做一做 设定节假日问候语

汽车销售人员要随时与客户进行感情沟通，可以借助一些节假日传递问候，可以在元旦、春节、中秋节、国庆节等节日为客户发送节日祝福，也可以在教师节、母亲节等节日根据客户的身份灵活地与客户互动。

步骤四 潜在客户邀约

汽车销售人员针对分配的销售线索，可通过电话、微信进行邀约，争取达成预约，明确客户到店时间和到店沟通内容。

对于线上客户，可以通过微信、电话、短信、抖音等渠道进行宣传，将服务告知客户，让未到店的客户了解服务项目并及时给予关怀。

职场实战

潜在客户邀约成效分析

销售服务商每周对不同形式的邀约会进行成效分析，强化表现好的渠道，优化发挥作用不大的渠道。

销售人员应了解潜在客户的信息，确认客户购车需求（意向车型、购车时间等），初步介绍产品，回答客户的具体问题，同时可以介绍销售服务商的优势，初步介绍相关服务，让客户了解销售活动及了解库存（OTD 信息）；若留有客户微信号，可微信预约通话时间，通话时应告知客户销售服务商的地址及联系方式，邀约客户来店。

知识巩固

1. 汽车销售人员的潜在客户来源渠道有哪些？

2. 给潜在客户打电话的准备工作有哪些？

3. 请写出给潜在客户打电话的流程。

任务二 来电客户促进与邀约

任务目标

通过本任务的学习，应达到以下目标：

1）能够询问来电客户的基本信息。

2）能够理解来电客户服务的基本规范。

3）能够引导客户前来展厅。

任务内容

汽车销售顾问李晓认真学习了潜在客户的来电邀约流程，并接到了客户的一次电话。他按照来电客户邀约的标准流程认真接待了来电客户并进行了邀约。李晓是如何做到的？

任务实施

步骤一 电话接听

汽车销售人员需要特别重视客户来电，销售人员接听电话时动作要迅速并确保电话畅通。

一、自我介绍

想一想 客户来电，汽车销售人员应保证在什么时间范围内接听？

销售人员应在铃响3声内接听电话，电话接通后，销售人员应立即应答问好，问候语要简洁、明了。一般汽车4S店有统一的问候语，如“您好！ ××品牌××4S店，请问有什么可以帮助您的吗?”并报出接听人姓名与职务等；若经销商电话接听系统设有彩铃，应在8秒内接听电话。如果超过规定时间接听电话，首先要向客户表示歉意，如“不好意思，让您久等了。”

汽车销售人员不但要做自我介绍，还需要确定来电者的姓名、身份，记录客户信息。在确定来电者身份的过程中，尤其要注意给予对方亲切随和的问候，并自始至终面带微笑。

二、确认客户来电目的

汽车销售人员应了解清楚来电客户的目的，以便对所接电话的信息采取合适的处理方式。例如，本次来电的目的是什么，是否需要代为转告，是否一定要某位工作人员亲自接听，是一般性的电话销售还是电话来往。

无论在何种情况下，公司的每名员工都应该积极承担责任，不要因为不是自己的电话就心不在焉，要对电话的内容做记录，以便帮助客户解决问题，赢得客户的信任，并争取邀约客户到店。

职场实战

建立亲和力的方法（图 2-9）

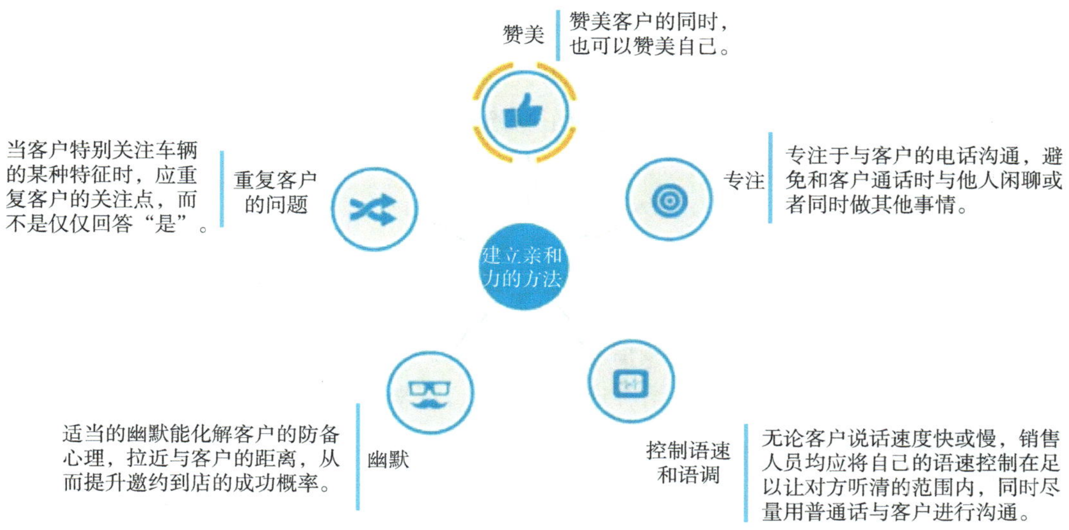

图 2-9 建立亲和力的方法

步骤二 解决客户的问题

一、解决客户问题

汽车销售人员不但要及时了解客户的需求，还要针对客户的来电需求，向潜在客户迅速提供恰当的回复，还要仔细记录客户的信息。

1. 解答产品及服务的问题

汽车销售人员针对客户关注的问题和需求，重点介绍相应的产品；要重点介绍产品给客户带来的利益，包括售后服务等附加利益；要如实介绍产品的性能、服务，对一时难以解答的问题，要及时建议登门拜访解答或邀请客户来公司。汽车销售人员回答问题要简洁、准确、专业。

2. 解答询价的问题

小提示 如果客户询问汽车产品的价格，由于电话里成交的可能性很小，要做到只报统一价格和公开优惠。

很多客户在电话中就询问底价，如“价钱谈好了，我就过来，否则我不是白跑一趟！”“你做不了主的话，去问一下你们经理，如果可以，我这两天就过来。”在电话中，销售人员往往无法判断客户价格商谈的诚意。销售人员针对此类问题的处理原则是电话中不让价、不讨价还价，不答应也不拒绝客户的需求，目标是见面，邀约客户来展厅成交或上门成交。

话术

汽车销售人员：请问您看好这款车了吗？价格不是问题，我们的价格都是厂家统一规定的。买车呢，除了价格，您还要看购车服务和以后用车时的售后服务，所以，我想邀请您先来参观一下我们的展厅、维修站，看看您满意不满意。

二、收集客户信息

汽车销售人员在通话交流中，要适时明确对方如何称呼，如"先生/女士您贵姓?"获取对方通信地址、电话、传真、微信、E-mail 地址。可以以寄发、传送有关产品资料为由，让客户认识到留下联系信息会给客户提供方便、带来好处，对客户有益。

职场实战

电话营销的细节

汽车销售人员在电话接听完毕前，应复诵一遍来电的要点，防止记录错误或者偏差而带来的误会，使整个工作的效率更高。例如，应该对会面时间、地点、联系电话、区域号码等各方面的信息进行核查校对，尽可能地避免错误，以便准确、及时地帮助客户解决问题。电话营销的细节如图 2-10 所示。

图 2-10 电话营销的细节

步骤三 邀约客户到店

汽车销售人员积极促进客户到店可以采用多种方法，如"紧迫法""激将法""造势法"

等，应在预约时间前一天再次联络客户以确认时间，做好相应准备。

话术

紧迫法： 最近我们店在做一系列的优惠活动，价格要比平时低很多，名额有限，如果您真的喜欢这款车，我会尽可能帮您争取一个名额，您看这周末有没有时间，到店里来看一下？

激将法： 我们联合厂家搞了这场促销活动，可以说这是厂家在让利，我们服务店是没有权限优惠到这个价格的，所以说机会很难得，您说呢？买车也是为了方便，早买早享受嘛，请您一定要到店里看看。

造势法： 您昨天看中的那款车在活动促销推动下销售火爆，存货仅剩 3 辆了，您看要不我帮您申请定下一辆？

职场实战

邀约到店的技巧

邀约客户到店时，一定要做好准备工作，查阅潜在客户的信息，准备谈话要点，准备好应对话术，准备好记录用的笔记本及与客户成交相关的材料或产品资料。

1）在通话之前，回顾上次与客户接触的情况或遗留问题，为本次通话打下良好的基础。

2）一次通话的目的不宜过多，挑选最重要的事情与客户进行沟通能达到极佳的沟通效果。

3）依据客户有可能拒绝或者搪塞的理由准备相应的话术。如有必要，可先演练好再致电客户。

4）涉及金融或车型对比等情况时，需提前准备好相关材料或产品资料，避免在与客户沟通过程中寻找而造成客户等待。

5）客户有可能会在电话中询问新的问题，建议准备好笔记本记录客户的问题，然后逐一解答，以显示专业及对客户的尊重。

你知道吗？　致谢！

最后的致谢是基本的礼仪。来者是客，以客为尊，公司的成长和盈利的增加都与客户的来往密切相关。因此，公司员工对客户应该心存感激，向他们致谢和祝福，做好电话回访准备。

知识巩固

1. 请总结接听电话的礼仪。

2. 汽车销售人员遇到客户在电话里询问价格应如何处理？

3. 分别用紧迫法、激将法、造势法编写邀约客户到店的话术。

任务三　潜在客户管理

任务目标

通过本任务的学习，应达到以下目标：

1）能够设定潜在目标客户。

2）能够明确相关客户管理数据。

3）能够明确销售人员的工作内容。

任务内容

汽车销售顾问李晓完成了潜在客户的邀约，做得很好。在每天的例行早会和夕会上他都会听销售经理说到潜在客户管理计划和信息管理，所以他按照标准将自己成功邀约的潜在客户的相关资料加以整理，填写相关表格并输入公司系统。他是如何做到的？

任务实施

步骤一　潜在客户管理计划

想一想　为什么要制订潜在客户管理计划？

客户邀约的重要前提是做好潜在客户管理计划，只有认真、严格地做好潜在客户管理计划制订工作，才能保证有足够多的有需求的目标客户。

很多汽车销售人员不知道公司的可供资源情况，不知道客户的优先级，既无计划性也没有系统性，更谈不上工作安排上的合理性和规范性。另外，有很多专营店的经理、总经理根本不知道今天、本周、本月有多少意向客户将要订车，和他们所要订的车型、颜色、数量等；不知道每天根据什么去管理销售人员的销售进度，更不了解汽车销售市场反映出来的重要信息；不知道怎样分析自己代理的汽车品牌在市场上的反映，如何反馈给生产厂家等。曾经有人提出以下 9 个问题让销售经理回答。

1）员工每天根据什么卖车？

2）负责订车计划的领导不在公司时怎么办？

3）负责订车计划的领导是根据什么来采购各类车型的（包括颜色、数量等）？

4）对来店客户是怎样管理的？

5）公司经理（总经理）是否知道本店今天、本周、本月有多少意向客户将要订车，以及将要被订的车型、颜色、数量等？

6）公司经理每天依据什么去管理销售人员的销售进度？

7）对客户的购车意向级别有没有设定，设定标准是什么？

8）客户购车时的洽谈内容是否被记录在案？

9）客户失控或丢失是否进行了原因分析，与生产厂家有关的信息有没有上报给生产厂家，生产厂家是否对这些信息做出了反馈？

职场实战

上汽大众汽车公司潜在客户管理计划实施工具

1）汽车销售人员针对“本月销售目标”设定潜在客户目标。

2）汽车销售人员明确相关客户管理数据。若有不足，则分析原因，找到改善方向和方法。

3）汽车销售人员依据系统的提示，设定客户邀约计划，了解厂家及经销商当期的市场活动信息和自身的工作内容。

4）潜在客户管理的工具分为客户资源管理工具和团队能力管理工具两种。

① 客户资源管理工具是一套帮助汽车销售人员进行高效管理的方法与工具，包括客户流量管理工具、客户信息卡（黄卡）、工具盒、IT 系统。

② 团队能力管理工具是一套经销商管理团队绩效、识别团队弱项、提升团队能力的方法和工具，包括重点客户管理工具、个人成功计划、技巧卡、辅导指南。

步骤二　潜在客户信息管理

想一想　潜在客户信息管理的目的是什么？

客户是企业得以生存的关键。企业要通过建立一系列的管理模式建立与客户的友好关系，培养客户的忠诚度，加强企业在市场中的竞争能力，所以要对客户进行管理。管理的目的如下：

1）建立良好的企业形象。

2）拉近与客户的距离，建立双向沟通渠道，掌握消费趋势。

3）提供消费资讯、生活提案等多元化服务，使消费生活丰富化，增加消费频率，开发新客源。

4）掌握客户动态，培养长期客户。

5）培养客户坚实的向心力和忠诚度。

一、建立客户资料档案

汽车销售人员在完成潜在客户跟踪促进后，了解目标客户的区别，对搜集到的目标客户资料进行建档整理，对客户资料建档登记，应根据搜集到的客户资料及自己工作的实际需要，及时填写“客户信息卡”（表 2-3），以利于管理。针对到店、来电客户情况填写“展厅流量登记表”（表 2-4），建立或更新“客户信息卡”；客户经理汇总当日“客户信息卡”和“展厅流量登记表”信息并输入系统。通过对客户资料进行建档登记，销售人员能够有效地制订开发和拜访方案，如在什么时间、以何种方式、向哪类客户进行推销更能获得最好的效果。

零售经理或销售主管每日夕会应对当天汽车销售人员的潜在客户信息进行检查、确认，并对销售人员进行具有针对性的辅导和指导。

表 2-3 客户信息卡

日期 ____________

客户姓名　　销售顾问　　首次接触____时____分

1.基本信息　□未获得

性别　□男　□女

联系电话

公司　　职业

E-mail

所处地区、地址

生日　　年龄

消费爱好

其他（家庭等）

客户对公司印象　□好　□一般　□不好　□无

3.产品需求描述

□私人　□公司　□政府　□其他______

目前使用/曾经车辆

购车预算

购车决策者

适合车型

颜色

现金一次性支付/分期支付

其他需求

2.购买阶段

客户级别　□ ◯原因 ____________

(◯级：当场签约成交的客户)

□H原因 ____________

□A原因 ____________

□B原因 ____________

□C原因 ____________

□N原因 ____________

因市场活动提升级别记录

新级别_____活动日期_____活动主题_____

4.需要继续跟进的原因

请参考信心（品牌、产品、公司、个人）、需求（显性、隐性）和购买力（预算决策者）三要素及其他有用的信息

经理首次确认：

客户获得广告信息途径　□报纸　□杂志　□广播　□电子邮件　□电视　□网页
□400CRM　□朋友推荐　□户外广告　□车展　□路过　□其他

电话	进入展厅的客户来源	销售阶段	售出
□首次电话联系 预约时间 □______ （请二选一）	第几次来展厅 1 2 3 □市场活动 □电话预约 □随机进入 □□再回展厅 □主动开拓 □内容介绍 转入 □______ 活动主题 ______ 活动时间 ______	试乘试驾 □ □ □ 订单 □ □ □	□交车

跟进回访　　　　　客户姓名：

电话前准备
- 与零售经理或销售主管讨论并确认恰当的谈话内容。
- 预先填写跟进理由可以帮助开始这个对话，但是对于目前的存货状况、最新信息、折扣政策、忠诚度项目等信息也要做出充分准备。

第1次跟进 日期	跟进理由 1. 2. 3. 4. 5.	跟进结果 经理确认：
联络方式 □电话 □拜访 □信函 □电子邮件 □展厅接待 □短信 □其他		
第2次跟进 日期	跟进理由 1. 2. 3. 4. 5.	跟进结果 经理确认：
联络方式 □电话 □拜访 □信函 □电子邮件 □展厅接待 □短信 □其他		
第3次跟进 日期	跟进理由 1. 2. 3. 4. 5.	跟进结果 经理确认：
联络方式 □电话 □拜访 □信函 □电子邮件 □展厅接待 □短信 □其他		
第4次跟进 日期	跟进理由 1. 2. 3. 4. 5.	跟进结果 经理确认：
联络方式 □电话 □拜访 □信函 □电子邮件 □展厅接待 □短信 □其他		
结果分析	□成功销售 □车型销售 □公司销售 □服务到位 □亲朋推荐 □及时跟进 □价格合适 □稀缺车型 □其他________ 勾选1~2项	□销售失败 □车型不满意 □公司不满意 □配合不到位 □价格不满意 □亲朋不认可 □销售失败　　经理确认： □职业购车计划 □其他________ 以上勾选1~2项

想一想　意向客户管理的基本内容有哪些？

汽车销售人员应掌握意向客户的以下一些基本内容：客户姓名、联系电话、身份证号、拟购车型、意向级别、接待人员、接待日期、来店（电）时间、离去时间、经过情形、失败原因、公司名称、现在地址、电话、邮编、网址、行业、介绍人、信息来源、下次访问日期、实际访问日期，再次确认的意向级别、经过情形、销售经理审核等。

表 2-4 展厅流量登记表

展厅流量登记表 日期： 月 日															
序号	时间	客户姓名	联系电话	人数	销售顾问	来访方式		到店次数		意向车型	商谈情况	级别	是否试驾	是否建卡	渠道
						到店	来电	首次	再次						
1															
2															
3															
4															
5															
6															
7															
8															
9															
10															
11															
12															
13															
14															
15															

渠道来源：
A. 报纸 B. 杂志 C. 广播 D. 电子邮件 E. 电视 F. 网页 G. 800 网页 H. 朋友推荐 I. 户外广告 J. 车展 K. 路过 L. 其他

二、设定客户意向级别

按照客户购车意向的程度，可将其设为 O、H、A、 B、 C、N 共 6 个等级。具体客户意向级别判定见表 2-5。意向客户级别的确定是指一般情况下的常态，由于会受到不确定的多种因素的影响，其变动系数是很大的。例如，有的客户虽然已经交了购车订金，但随时存在着退订的可能。因此，需要不断地联系和管理客户，不断地重新认定客户的购车级别，这样才能在变动中准确地把握住意向客户，把握各阶段的市场信息和销售信息，从而提高客户管理的能力。

表 2–5　客户意向级别判定

级　别	预定购买周期	首次跟进时间	持续跟进频率
O 级	当场签约或缴纳订金的客户		视情况而定
H 级	7 日内可能购车的客户	24 小时内第一次跟进，再次确认级别	2 天至少 1 次
A 级	15 日内可能购车的客户		3 天至少 1 次
B 级	30 日内可能购车的客户		4 天至少 1 次
C 级	2~3 个月内可能购车的客户		7 天至少 1 次
N 级	购车时间暂时无法确定		15 天至少 1 次

想一想　客户意向级别分类有什么好处？

1）不同客户级别的客户会带来不同的价值。H 级客户和 C 级客户的价值是不同的。

2）不同级别的客户有不同的需求，经销商应分别满足（如落实车源、申请价格、对比竞品、赠送精品等），并且对应客户的不同级别分配不同的资源（如回访周期、邮寄资料、上门签单等）。

3）客户分级是有效进行客户沟通、实现客户满意的前提。H、A 级客户如果长期不回访，客户会认为没有得到重视；B、C 级客户如果频繁回访，客户会认为受到骚扰。

职场实战

客户线上 / 远程维系服务

客户线上 / 远程维系服务指可通过全天候专人咨询服务及上门服务等方式给客户送去关怀来维系。如通过用车建议等知识普及，远程为客户提供关怀；开展线上咨询服务及线上业务办理，制作线上业务服务二维码并发朋友圈，添加客户微信，主动提供业务咨询和办理服务。对于购车客户可提供送车到家的交车服务。

知识巩固

1. 制订潜在客户管理计划的重要性是什么？一般在汽车 4S 店要用到哪些工具？

2. 潜在客户信息管理的目的是什么？

3. 如何做好客户线上 / 远程维系服务？

学习情境三

展 厅 接 待

展厅接待是汽车销售核心流程的关键步骤，是客户对经销商和汽车销售顾问初始印象和信心建立的过程，是品牌创建的重要时机。销售核心流程主要是在展厅环境中发生的，如果每个汽车销售顾问和每家经销商都能注重展厅接待的过程，对客户的满意度和后续的购车将产生重要影响。

任务一　展厅销售准备

任务目标

通过本任务的学习，应达到以下目标：

1）明确展厅销售前准备的目的。

2）能够运用展厅销售前准备的工具。

3）能够做好展厅销售前的自我准备。

任务内容

汽车销售顾问李晓接到客户的预约电话，蔡先生和蔡太太要在上午9点来展厅。好的开始就是成功的一半，请想一想李晓需要做好哪些展厅接待准备工作？

任务实施

想一想　汽车销售顾问售前准备的目的是什么？

汽车销售顾问售前准备的目的是建立专业的销售形象，取得客户的信任；充分利用各项工具和销售流程，顺利展开销售工作；建立销售顾问的信心。

步骤一　每日晨会

各经销商都有规范的管理制度，每日都会有晨会和夕会等例会。每日晨会，汽车销售顾问要确认当日展厅接待排班表，确认展厅中的工作衔接与服务配合。此外，还要明确当日销售车源信息和库存，明确当日有没有邀约的客户、交车的客户、上牌的客户等，对自己当日的工作内容要做到心中有数。

步骤二 销售工具的准备

一、销售工具包

销售工具包是汽车销售顾问必备的工具。在接待服务中，汽车销售顾问为了便于服务客户，将服务过程中所需要的办公用品、销售表单及产品资料放在公司统一配置的销售工具包中。每日，汽车销售顾问都要对销售工具包进行整理，确认其中文件、工具完备无损。在一些高档品牌的汽车 4S 店，要求汽车销售顾问用 iPad 等装有视频软件和公司销售软件的设备进行接待服务。

汽车销售顾问的销售工具包中要放入的用品包括办公用品、销售表单和产品资料等。

（1）办公用品　包括计算器、名片、笔、咨询笔记本等。

你知道吗?　汽车销售顾问的名片要求有哪些?

汽车销售顾问的名片须按汽车厂家的规范制作及使用；销售顾问应充分使用名片，准备的数量要充足，不要吝啬送出名片。世界著名的汽车营销大师乔·吉拉德把发出名片作为向客户推销自己的一个法宝，他的实践证明发出名片将会有意想不到的效果。

（2）销售表单　包括试乘试驾文件、销售合同 / 订单、增值业务文件、保险相关资料、二手车相关资料、上牌服务文件等。

（3）产品资料　包括产品单页、软文剪辑素材、竞品对比资料、附件资料等。

二、展车准备

做一做　认真检查展车是否符合展示要求。

1）展车轮胎下方应垫有轮胎垫。

2）展车功能正常，前门车窗玻璃降下，天窗打开。

3）展车内不放置任何宣传物品及私人物品。

4）展车内的座椅都调整至标准位置。

5）展车内放置清洁的脚踏垫。

6）展车蓄电池电量充足，以便展示电气配备。

三、音乐、CD、DVD、钥匙准备

1）为使客户能够顺利、全面地了解产品，车内播放的碟片应随时备取，以便适时向客户演示，以使客户能亲自感受产品配置的优点。

想一想　从以下案例中你得到了什么启示?

一位河南客户要给他的南京办事处配一辆车。经过货比三家，他来到一家汽车4S店。

客户：“我想听听这辆车的音响效果怎么样。”

汽车销售顾问：“您想听哪方面的音乐?”

客户：“我想听的音乐你有吗?”

汽车销售顾问：“您说说看。”

客户：“我想听豫剧。”

汽车销售顾问立即到总台把豫剧的CD调了出来并准备播放给客户听。

这个客户看到CD上写的是豫剧，非常感动，当时就说：“我不听了，我们去办购车手续吧。”

2）展车的钥匙通常由展厅值班主管统一保管，也可放在适合的地方，以便需要的时候快速取得，充分运用。

步骤三 自我准备

一、产品知识

1）汽车销售顾问对于自己的产品，要掌握各车型的配置、性能和所有的技术参数，要随时可以提供给客户，作为介绍和讲解的依据。

2）汽车销售顾问对于和自己的产品形成竞争的品牌和车型，要有能力提供给客户相关信息进行参数分析和比较。

3）汽车销售顾问要准备充足的产品资料，包括视频、图片、软文等，以便客户随时查阅。

二、生活素质和工作能力

作为汽车销售顾问应加强学习，不断提高自己的生活素质和修养，不断提高自己的综合能力、知识，以便在工作中可以顺利地和客户接触、交谈及成为朋友；应多涉猎各方面信息，储备与客户寒暄问候的话题，以拉近与客户的距离，为客户提供无压力销售环境。

汽车销售顾问要具有控制与客户谈判进度、介绍车辆节奏的能力，能够让客户信服自己，让客户相信自己的专业知识，让客户感到自己可以为其提供最佳服务。

职场实战

邀约接待准备

1）销售顾问明确当时接待邀约到店客户的时间安排，若留有客户微信，则通过微信与客户建立联系。

2）事先对客户背景信息和前期沟通过程进行分析。

3）设定展厅洽谈和沟通方案，明确邀约到店的洽谈目标。

4）网电经理直接掌握销售顾问的客户邀约信息，当天提醒并跟进管理。

三、汽车业界消息

汽车销售顾问应该充分了解汽车业界中品牌及车型的发展消息，掌握最新、最全、最准确的汽车行业动态，国内外新车、独家报道、黑幕曝光、政策法规等汽车新闻。第一时间了解国产新车、进口新车、汽车热点追踪、汽车行业动态、车闻轶事等最新信息，掌握汽车的新技术、新工艺、新材料及新动态，可以使汽车销售顾问应对各种市场变化，为客户提供及时有效的服务。

步骤四　创建良好的第一印象

汽车销售顾问只有做好充足的展厅销售准备工作，才能在接待客户时给其留下良好的第一印象。

一、精神面貌

1. 具备良好的“精、气、神”

汽车销售顾问在工作中应做到精满、气足、神旺，保持旺盛的工作状态。

2. 规范礼貌的语言

规范礼貌的语言是塑造良好形象的方式之一。汽车销售工作是通过语言来沟通各种信息的。接待客户靠语言，展示汽车靠语言，与客户进行洽谈靠语言，说服客户、达成交易的时候也靠语言，在任何一个阶段都必须通过语言的交流取得销售的成功。因此，汽车销售顾问要塑造具有吸引力的好形象，必须注意语言礼仪。

你知道吗？　规范礼貌的语言有哪些要求？

汽车销售顾问需要运用规范礼貌的语言与客户进行沟通，具体要求如图 3-1 所示。只有运用规范礼貌的语言才会赢得客户的好感，为与客户进行沟通打下良好的基础。

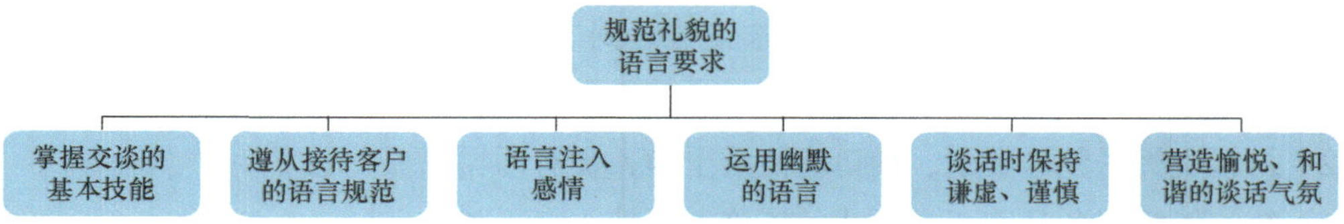

图 3-1　规范礼貌的语言要求

汽车销售顾问在接待客户过程中要运用的规范语言包括迎宾用语、友好询问用语、招待介绍用语、道歉用语、赞扬用语及送客道别用语。汽车销售顾问接待客户的规范用语示例见表 3-1。

表 3-1　汽车销售顾问接待客户的规范用语示例

规范语言	话术举例
迎宾用语	您好，您想看什么样的车 您好，欢迎光临专卖店 请坐，我给您介绍一下这款车型的优点

（续）

规范语言	话术举例
友好询问用语	请问您怎么称呼，我能帮您做点什么 请问您是第一次来吗，是随便看看还是想买车 我们刚推出一款新车型，您不妨看看。如果方便，我给您介绍一下好吗 您是自己用吗？如果是，您不妨看看这款车 好的，没问题，我想听听您的意见，行吗
招待介绍用语	请喝茶，请您看看我们的资料 关于这款车的性能和价格有什么不明白的吗
道歉用语	对不起，这种型号的车刚卖完了，一有货我马上通知您 不好意思，您的话我没有听明白 请您稍等、麻烦您了、打扰您了 有什么意见，请您多多指教 介绍得不好，请原谅
赞扬用语	像您这样的成功人士，选择这款车是最合适的 先生 / 女士您很有眼光 您是我见过的对汽车最熟悉的客户了 真是快人快语，您给人的第一印象就是干脆利落 先生（女士）真是满腹经纶，您话不多，可真正算得上是字字珠玑啊
送客道别用语	请您慢走，多谢惠顾，欢迎下次再来 有什么不明白的地方，请您随时联系我 买不买车没有关系，很高兴能认识您

二、仪容仪表

做一做 认真检查上岗时的仪容仪表是否达到了要求。

1）汽车销售顾问应穿着服务品牌统一的制服，保持整洁、合体。

2）衬衫熨烫平整，领子、袖口应清洁干净，没有污垢。

3）统一佩戴服务品牌要求样式的工牌，保持干净平整。

4）整理好头发，保持头发清洁，男士不染发，发长不过耳。

5）保持手和指甲的清洁，修剪整齐。

6）皮鞋擦拭干净明亮，袜子颜色男士以深色为主，女士裙装以与皮肤协调为宜。

7）不佩戴过大或过于夸张的饰物。

8）女士化妆需要自然、淡雅，避免浓妆艳抹。

9）避免让人不快的气味，包括体味、汗味、口臭。

10）随身携带笔和文件夹，随时准备记录，随身携带名片。

知识巩固

1. 为什么汽车销售顾问要做好销售前的准备工作？

2. 请认真思考工具包里应该准备哪些必备的工具，将它们都选出来。

增值业务文件	上牌服务文件	产品单页	商务礼仪文件	笔	
软文剪辑	竞品对比	销售排班表	附件资料	试乘试驾文件	
销售合同 / 订单	咨询笔记本	计算器	手机	名片	

任务二 展厅接待服务

任务目标

通过本任务的学习，应达到以下目标：

1）明确不同来店类型的客户的迎接服务标准。

2）做到汽车销售人员在展厅接待环节中应具备的礼仪。

3）能够明确汽车销售人员展厅接待服务流程。

任务内容

预约的蔡先生和蔡太太来到展厅，汽车销售顾问李晓已做好了充足的展厅接待服务准备。李晓如何接待蔡先生和蔡太太，才能够为两位客户提供周到、专业的服务，让其感到自己备受重视和关注呢？

任务实施

你知道吗？ 展厅接待服务的目的和流程是什么？

在销售过程中，热情、周到的接待可以给客户留下良好的第一印象。在通常情况下，客户对购车过程具有一些疑虑，专业化的接待将会消除客户的疑虑并帮助客户建立信心，营造一种友好愉快的氛围，以便销售活动的顺利展开，促成销售。

汽车销售顾问为了做好展厅接待服务，应根据不同来店类型的客户有针对性地进行规范化服务，具体流程如图 3-2 所示。

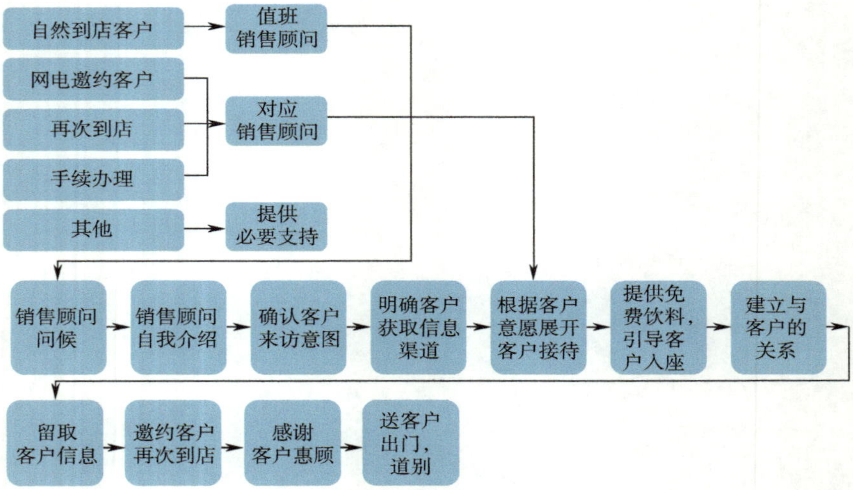

图 3-2 展厅接待流程

职场实战

前台接待与分流

热情问候每位到店客户，明确客户来源与意向，根据客户来源引导销售顾问接待。

1）如果客户是自然到店，应由值班的汽车销售顾问接待，主动询问其关注的车型；若销售顾问正接待其他客户，则首先向到店客户致歉，给出明确的等待时间；若不能确定完成时间，则委托其他销售顾问帮助接待。注意，一定要获取客户的所有接待信息。

2）网电邀约的客户、再次到店及手续办理的客户由相应的销售顾问接待。

3）如果客户表示关注高端车型，应由首席销售顾问接洽客户。

步骤一　客户来店的迎接

一、主动迎接

客户来店时要做到热情迎接，目的是营造一种宽松、舒适、融洽的氛围，要留给客户良好的第一印象。良好的第一印象是赢得客户信任的开始。

客户一进展厅门口，展厅销售顾问就要快步迎上去，要面带微笑，双眼注视客户，稍微鞠躬，用普通话热情问候客户。如果客户是预约初次到店的客户，销售顾问应提前在展厅等待，客户到店时及时出门接待；若为非预约初次到店客户，则由展厅值班销售顾问接待。

你知道吗？　不同汽车经销商会有不同接待人员安排。

客户来店都会得到热情的接待，但不同汽车经销商会有不同的人员安排。有的由汽车销售顾问直接接待；有的汽车经销商分工更细致，首先安排展厅接待员迎接客户，了解客户到店目的后，根据到店客户的类型做出明确的安排。如果是预约初次到店的客户，则应安排做好介绍工作，如果是其他类型客户也应做出妥当安排。

话术

汽车销售顾问 / 展厅接待员：您好，欢迎光临 ×××4S 店 / 特约店，我是这里的展厅接待员 ×××。

汽车销售顾问 / 展厅接待员：请问您是初次来我们店吗？是来看车还是买车？

汽车销售顾问 / 展厅接待员：您有预约吗？预约的是哪位汽车销售顾问？

小提示　雨雪天气，客户到店如何接待？

若遇雨雪天气，汽车销售顾问要打伞引导客户进入展厅。展厅内配置雨伞架，保持展厅环境清洁。

二、递送名片

汽车销售顾问引导客户进入展厅，引导客户进入休息区，在第一时间递上名片，进行自我介绍，请教客户的称谓，以姓氏尊称客户，确认客户来访意图。

你知道吗？ 名片具有哪些作用？

名片通常包含两个方面的意义：一是标明所在的单位，二是标明职务、姓名及承担的责任。总之，名片是自己（或公司）的一种表现形式。通过这种形式让客户能够联系到你，以便更好地与客户建立良好的合作关系。

名片除在面谈时使用外，还有其他一些妙用，如去拜访客户时，对方不在，可将名片留下，客户回来后看到名片，就知道你来过了。把注有时间、地点的名片装入信封发出，可以代表正规请柬，且比口头或电话邀请显得正式。向客户赠送小礼物，如让人转交，随带名片一张，附几句恭贺之词，无形中关系便密切了。

做一做 按照正确的使用名片的礼仪递送名片。

图 3-3 所示为正确使用名片的步骤，请按规范的动作进行练习。

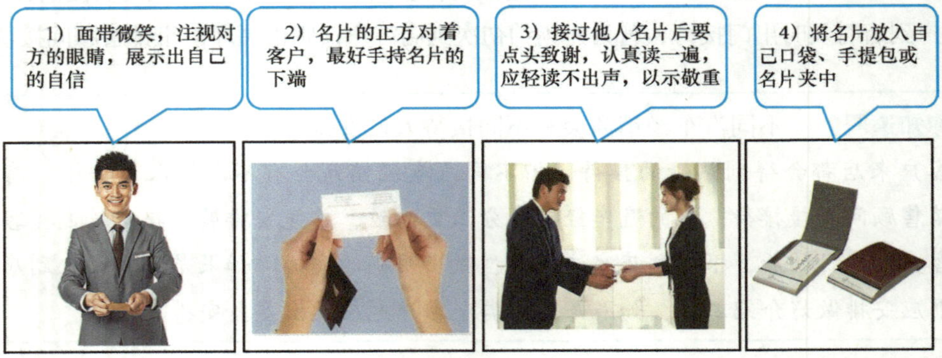

图 3–3 正确使用名片

小提示 递送名片要注意的细节

1）递送上名片后，要大方地说“这是我的名片，请多多关照”。

2）接受名片时应起身，接过名片时应说“谢谢”。

3）递送名片的次序是由下级或访问方先递名片，如果是介绍，应由被介绍方递名片。

4）如果是事先已经约好，客户已对你有一定了解，或有人介绍，就可以在打招呼后直接面谈。在面谈过程中或临别时，拿出名片递给对方，以加深印象，并表示保持联络的诚意。

5）接过名片后不应随意玩弄和摆放，不可递出污旧或皱折的名片。

话术

展厅接待员： 两位好，我是展厅接待员李晓，这是我的名片，请多多关照，不知道应该如何称呼两位？

小提示　若客户带其他人员到店，汽车销售顾问 / 展厅接待员应同时递上名片。

客户： 我姓 ×，这是我太太。

汽车销售顾问 / 展厅接待员： × 先生、× 太太你们好，请问您二位是来看车的吗？

客户： 是的，我们来随便看看。

汽车销售顾问 / 展厅接待员： 好的，需要我为你们服务吗？

客户： 我们只想自己随便看一下。

汽车销售顾问 / 展厅接待员： 好，没问题，你们二位慢慢看，我就在这里，如果需要帮助请叫我，我愿随时为你们服务。

想一想　若客户不需要帮助，汽车销售顾问应如何应对？

若客户不需要帮助，那就让客户轻松自在活动，不要尾随其后，但汽车销售顾问仍应随时注意观察客户的动态，如客户在看什么、客户关心什么，以便及时调整自己的销售方案；在客户招呼所及范围内关注客户需要，保持一定的距离，避免给客户带来压力；发现客户有疑问时或有需要服务迹象时，要立即上前服务，如果手头有事情未解决完，也应在 2 分钟内主动提供服务或支持，最好将客户引入洽谈区坐下交流。

多学一点

客户看车时的应对

客户在看车过程中，汽车销售顾问应注意观察客户的动态，可能从客户的行动中发现商机。

1. 从业务角度来观察

汽车销售顾问要观察客户围着汽车看什么，是看车头，还是看驾驶座旁的仪表盘。只有了解客户关心、重视的信息，才能准备好应对策略。客户都喜欢货比三家，也许他来这里之前，已经去过其他的店了。他这个时候进来，可能只是进行一些细节上的比较。汽车销售顾问观察到这种现象之后，就可以有的放矢地制订营销策略。

2. 从专业化角度来观察

汽车销售顾问观察客户的行为，了解客户喜欢什么、关心什么，这不仅可以使洽谈很快地进入主题，而且客户会认为汽车销售顾问十分专业，从而赢得客户的信任。对于一般客户来讲，汽车是一个很复杂的产品，由很多部件构成、涉及很多专业知识；客户买车只是为了使用，可能对维护、维修常识知之甚少，此时客户在与汽车销售顾问接触后发现销售顾问是这方面的专家，从心理上客户就信服了，客户会认为汽车销售顾问对他是有用的，以后的服务交给这样的汽车销售顾问是可以放心的。“我在你这儿买的车，以后有什么问题我就找你。”很多客户持有这样的心态。

步骤二 客户到店内的接待

一、热情招待客户

对到店的客户，无论是哪一种类型客户都要热情接待。如果是展厅接待员接待的客户，了解客户的进店目的后，应引见给汽车销售顾问并告之客户来店的目的。随后，由汽车销售顾问热情招待客户就座，根据客户的喜好为客户送上茶水或饮料。茶水、饮料等应一应俱全，一般提供 3 种以上饮料供客户选择。

若同时有多批客户来看车，要及时请求支援，不可以让任何客户受到冷落。若有儿童随行，接待顾问或其他销售顾问应负责招待。若儿童愿意到儿童游乐区玩耍，则引导他们前往并保证儿童的安全。

话术

展厅接待员：蔡先生、蔡太太，两位好，请两位到展厅休息一下，要喝点饮品吗?

客户（男）：好的。

展厅接待员：好，这边请。

展厅接待员：您两位请坐。不知两位想喝点什么，我们这里有热的咖啡、绿茶、白开水，还有雪碧和可乐。

客户（男）：咖啡吧。

展厅接待员：那 × 太太您呢?

客户（女）：来杯白开水吧。

展厅接待员：好的，请稍等，这是我们店的产品手册，两位可以先看一下。

展厅接待员：您的咖啡，请慢用。您的白开水，请小心慢用。

做一做 请按规范动作要求接待客户，引导客户入座。

图 3-4 所示为正确接待客户、引导客户及请客户入座的规范要求，请按规范进行练习。

见面握手是最常见的一种礼仪。行握手礼时，距离客户约一步，上身稍前倾、两足立正、伸出右手，4 指并拢、拇指分开朝向受礼者握手，并轻轻向下微摇 2 ~ 3 下，礼毕即松开。行握手礼时应注意以下几点：

1）见到女士、年长者、职务高者，不应主动伸出手来，可先行问候礼，待对方伸手时再握，如对方不伸手，点头微笑示意即可。

图 3-4 接待客户，引导客户入座规范

展厅接待 1

展厅接待 2

2）与男士握手，可适当重些，以示友情深厚；与女士握手，应适当轻些。

3）如果有多人同时握手，应等别人握完后再握手，切忌抢着握和交叉握手。

销售顾问和客户握手之后，可以寒暄几句以便营造一个轻松愉快的开场气氛。例如，可以这样说，“您的气色真好，身体真棒”“您的衣服漂亮极了”等。这样能够拉近与客户的心理距离，从而让客户尽快接受你，以便接受你的产品。

做一做 按规范动作要求进行介绍礼节训练。

介绍是汽车销售过程中非常常见的礼节，销售顾问需要为初次见面的他人进行介绍，有时需要相互之间进行自我介绍。汽车销售顾问为他人进行介绍时的顺序和注意事项如下：

1）把客户向领导介绍之后，随即将领导介绍给客户。

2）一般情况下，应先把男士介绍给女士，再把女士介绍给男士。

3）应先把年轻的、职务低的介绍给年长的、职务高的，然后把年长的、职务高的介绍给年轻的、职务低的。

4）一般情况下，应先把未婚者介绍给已婚者。

5）同级、同职务、同年龄时，应先将先者介绍给后者。

6）介绍时，要把被介绍者的姓名、职衔（职位）说清楚。

7）向双方做介绍时，应有礼貌地以手示意。手向外示意时，手心向外；手向里示意时，手心向着身体，身体稍倾向介绍者。切勿用手比画，更不能拍打肩膀或胳膊。

汽车销售顾问进行自我介绍时，介绍内容一般包括姓名、职业、单位、经历、年龄、特长和兴趣等。

话术

展厅接待员：蔡先生、蔡太太，这是我们的销售顾问李晓，这是蔡先生和蔡太太，他们二位今天过来看车。

汽车销售顾问：您好，× 先生、× 太太，我是销售顾问李晓，很高兴为你们二位服务，这是我的名片，叫我小李好了。

客户：你好。

你知道吗？ 展厅饮料供应与礼仪

1）由客户服务人员负责提供展厅饮料的供应，并向客户提供服务。

2）上茶时，茶水只要七分满。

3）注意不要把手指搭在茶杯边上。

4）把握好续水的时机，以不妨碍客户交谈为佳，不能等到饮料见底后再续水；若客户正在交谈，要说声“对不起”“请慢用”。

5）若用茶水饮料和点心一同招待，应先上点心，从客人的右侧送上，客户用完后从右侧撤下。

二、寒暄销售

汽车销售顾问与客户见面应先从礼貌寒暄开始，寒暄是双方见面时以相互问候为内容的应酬谈话。它的主要功能是打破彼此陌生的界限，缩短双方的心理距离。寒暄的目的是发掘客户的肯定点，表达自我的推销点，创造和谐的气氛，给客户机会引导谈话方向，以利于正式话题的开始。

汽车销售顾问应针对客户不同的来店心理加以应对。客户的情况不同，处理方法应有所差别，见表 3-2。每一位汽车销售人员都必须遵守以下三点：一是重视来店的每一位客户；二是运用心理学知识，巧妙地解开客户心中的“结”；三是发挥团队的力量，相互配合，协同作战。

表 3–2 不同类型客户的应对方式

来店类型	应对方式
不是本店的保有客户来店寻求帮助	销售顾问要表示出关心，请客户坐下，递上茶水、饮料。安慰他别着急，问清楚车况、事发地点及可能发生故障的原因，并且马上通知相关服务人员前来处理，让客户感觉到你是在真心诚意地帮助他

（续）

<table>
<tr><th colspan="2">来店类型</th><th>应对方式</th></tr>
<tr><td rowspan="2">客户来店的目的不是买车而是要和专营店的某人谈话</td><td>被访者在店里</td><td>先请客户在客户休息区坐下，然后马上通知被访者会客。奉上茶水并说“先生 / 女士请用茶，请稍等一下，× × 先生 / 女士马上就来”一直陪同客户，直至证实他可以得到适当的帮助为止</td></tr>
<tr><td>被访者不在店里</td><td>可以说 “× × 先生刚好外出，请您先坐一下，我们马上帮您联络”。请客户在客户休息区坐下后，马上联络被访者，同时奉上茶水说 “先生 / 女士请用茶，我们已经在帮你联络他了”，同时询问客户的需求，并且根据情况主动关心并提供服务
若暂时无法联系到被访者，且其他销售顾问也无法为其服务，则请客人留下姓名、电话及来访目的，随后请被访者尽快和他联系。此时应感谢客户的光临，请求谅解，并表示今后如有需要，将再提供帮助</td></tr>
<tr><td colspan="2">客户来店是想看某款车并需要帮助</td><td>问清客户需要解决什么问题，重复一遍客户所说的内容，请客户确认你对他来访目的的理解是否正确。在适当时机递上茶水，并说 “先生 / 女士请用茶”，在适当时机向客户递上你的名片
如果察觉客户有疑问，可询问 “先生 / 女士您好，不知道您喜欢哪一款车？”或 “有什么问题吗？” 如果客户愿意继续交谈，在已获得客户意向程度的基础上，可以借此机会向他提一些问题，以便能更好地了解他的购买动机</td></tr>
<tr><td rowspan="2">客户来店是看中某款车型，有意购买但展厅没有现车</td><td>现在没有车，但需预约时间提供时</td><td>可以说 “非常感谢您特地跑这一趟，但是很不巧，这款车在上个星期五（或其他的时间）就已经被卖完了。我们知道这款车卖得很好，但您先别急，我们重新向厂家订的这款车已经在回来的路上了，如果您现在就付款订车，一周内提车是有保障的”</td></tr>
<tr><td>因故短期内无此款车可供时</td><td>先请客户坐下，递上茶水，用相关的汽车样本资料或同等级的汽车影像资料等为客户做商品说明，也可以用自己或同事车况良好的展车予以实物介绍，这样效果会更好</td></tr>
</table>

❖ 话术

汽车销售顾问： 请问你们是怎么知道我们店的呢？

客户： 听朋友介绍过。

汽车销售顾问： 今天二位来是来买车的，对吧？

客户： 有这个打算，你们这里有 × × × 型车吗？

汽车销售顾问： 您说的是 × × × 型车吧，我们店有 3 辆展车，还有试乘试驾车，二位不仅可以看，还能试驾。

客户： 嗯，我们刚才已经看了一下。

汽车销售顾问： × 先生、× 太太，你们二位真有眼光，你们看好的 × × × 型车是我们展厅卖得最好的一款车，外观大气、稳重又不失时尚，动力、操控性也很好，很符合二位的气质。

客户： 听完你介绍，我们觉得 × × × 型车确实不错。小李，时间不早了，谢谢你今天的接待和介绍，我们回去再考虑一下。

汽车销售顾问：当然，二位回去再商量一下，要是考虑清楚了或有什么问题，可以随时给我打电话，我的电话号码在给您的名片上。

汽车销售顾问：这是 ××× 车的单页，上面有您比较关注的参数和配置的介绍和说明，我把你们感兴趣的车型都标出来了，二位回去可以慢慢看。

客户：好的，谢谢，我一定会再来的。

汽车销售顾问：蔡先生，这不，马上就要过年了，按照惯例，我们店会有一些优惠活动，如果方便可以留下联系方式，以便到时通知您。

客户：好的，留一下我的微信号吧，×××××××××××。

汽车销售顾问：谢谢，有什么消息，我会第一时间通知您。

步骤三　恭送客户离店

一、与客户道别

在客户离开前，汽车销售顾问应确认已提供给客户其所需信息，并积极留取客户信息，同时让客户知晓留取这些信息的好处。最后，汽车销售顾问应利用客户需求点，邀约客户再次来展厅观摩，并提醒客户带齐随身携带的物品。

客户离开时，汽车销售顾问应送到展厅门外，若客户是开车前来的，则要送客户至停车场，感谢客户惠顾，目送客户离开并挥手道别，挥手道别时间应不少于 5 秒。若客户有需要，汽车销售顾问可协助客户安排出租车离开。

话术

客户：好，那我们先走。

汽车销售顾问：好的，别忘了随身物品，我送送两位。

汽车销售顾问：以后你们方便的时候可以再过来体验，车子还是要试驾才会有感觉，您说对吗？

小提示　善始善终，给客户留下良好印象

道别时一定要注意在前方引导，相送一程。

二、接待后整理

客户离开后，汽车销售顾问要整理洽谈桌、展车，使其恢复原状，汽车销售顾问还要到前台接待处补充相关信息。客户离开半小时后，汽车销售顾问应给客户发送信息，感谢客户到店，留下自己的联络方式，邀约客户再次到店。在“客户信息卡”（表 3-3）中记录

客户信息并设定下次跟进日期。

表 3–3 客户信息卡

客户信息卡			
留档日期	年 月 日	意向级别	
客户姓名		留档渠道	电话 进店 外拓
性别		适合车型	
年龄段		外观颜色	
所在地区		现有车型	
主要联系号码		置换意向	
次要联系号码		主要竞争车型	
现有交通工具		对比关注	
车辆用途和环境		预计进店	
曾考虑的其他车型		购买用途	
计划用车时间		购买性质	
意向加装或精品		购车预算	
付款方式		资金准备	
备注			

跟进时间	跟进内容	下次跟进时间
客户特征：		

话术

客户跟进短信示例：

“蔡先生，您好，我是 ×××××× 销售顾问李晓，感谢您对我们 ××× 产品的关注，若有任何问题，请与我联络，我的电话号码是 ××××××××，我们将为您提供满意的产品和服务，热诚欢迎您再次惠顾。李晓”。

知识巩固

1. 若客户需要立即获取销售服务，汽车销售顾问应在（　　）分钟内主动提供服务或支持。

A. 5　　B. 1　　C. 2　　D. 其他都不对

2. 汽车销售顾问主动询问客户喜爱的饮品或告知可选择的饮品种类有（　　）。

A. 水和 1 种热饮、1 种冷饮　　B.2 种饮料

C. 水和 1 种热饮　　D. 水和 2 种热饮、2 种冷饮

3. 感谢客户惠顾，目送客户离开并挥手道别，时间应控制在（　　）以上。

A. 5 秒　　B. 1 分钟

C. 客户消失在视线范围内　　D. 其他都不对

4. 客户离开后，汽车销售顾问应（　　）。

A. 整理洽谈桌、展车，恢复原状

B. 于前台接待处补充相关信息

C. 在“客户信息卡”中记录客户信息并设定下次跟进日期

D. 其他都对

5. 在客户接待环节，有哪些步骤是必须要做的？

学习情境四

需 求 分 析

汽车销售的唯一标准就是准确分析出客户的购车需求并促成交易。恰当的需求分析可以得到客户对车辆的需求信息，是车辆展示、试乘试驾和洽谈成交等环节的基础，客户成交的决定因素是满足客户的需求。客户需求分析标准工作流程是在汽车销售顾问服务准备的基础上进行探寻客户需求、明确客户需求及销售方案推荐。

任务一　探寻客户需求

任务目标

通过本任务的学习，应达到以下目标：

1）认识客户的需求。

2）明确客户需求分析在标准销售流程中的目标和意义。

3）能够判断客户类型，正确运用不同客户类型的应对策略。

4）能够灵活运用“5W2H”需求分析方法。

5）能够运用正确的方式方法探寻客户的需求。

任务内容

当蔡先生与蔡太太来到展厅，对展厅中的车辆进行观察时，汽车销售顾问李晓热情接待了蔡先生。如何才能了解蔡先生夫妇的需求呢？

任务实施

步骤一　了解客户的需求

想一想　什么是客户的需求？

一、认识需求

1. 需求的定义

需求是指人们在欲望驱动下的一种有条件的、可行的、最优的选择，这种选择使欲望达到有限的最大满足，即人们总是选择能负担的最佳物品。

2. 需求分析的目标和意义

需求分析的目标是了解客户需求和购买动机并在此基础上确定解决方案。汽车销售顾问应在建立信任的前提下，充分了解客户的需求，在此基础上向客户提出专业建议。汽车销售顾问的价值体现在他所提出的方案不仅能够满足客户的重点需求，还能传递汽车品牌价值和理念，并且能够彰显汽车经销商的整体价值。

多学一点

马斯洛需求层次理论在汽车销售上的应用

美国心理学家亚伯拉罕·马斯洛于1943年提出需求层次理论，将需求分为5种，按层次逐级递升，分别为生理需求、安全需求、社交需求、尊重需求和自我实现需求。针对不同的需求层次，汽车销售顾问可以提供不同的销售策略。图4-1所示为汽车销售过程中马斯洛需求层次理论的具体运用。

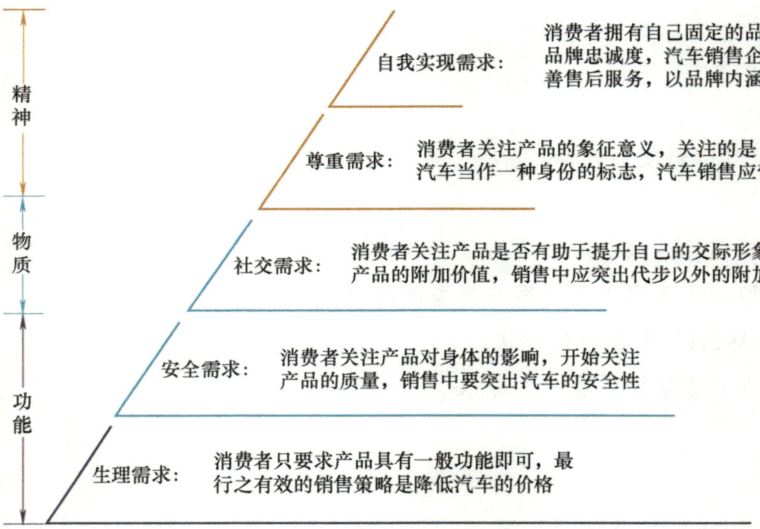

图4-1 马斯洛需求层次理论的具体运用

3. 需求的类型

想一想 在整个购买的过程中，客户完全清楚自己的需求吗？

客户的需求可分为显性需求和隐性需求两种。显性需求是客户知道而且愿意说出来的需求，隐性需求是客户知道但不愿意说出来或不容易表达但内在有需要的需求。隐性需求需要汽车销售顾问去激发和创造，所以汽车销售顾问必须通过各种引导和提问的方式让客户将自己真正的需求表达或显现出来，准确了解客户购买车辆的需求并对其进行排序，以便为客户推荐、介绍合适的产品做好准备。

以客户购买宝马汽车为例，如图4-2所示，如果客户表达的意愿是认为宝马汽车豪华、舒服、质量可靠、有地位的朋友都开等因素，客户可以公开并能表达清楚的这些需求是显性需求，而为了显示自身地位、赢得众人的关注及享受周到的服务可能是客户不愿表达或表达不清楚的因素，这些需求便是隐性需求。事实上，这两种不同的需求在不同程度上影响着汽车消费者购买某款车。能否正确了解客户采购汽车的本质原因是汽车销售顾问能否赢得客户订单的关键因素。

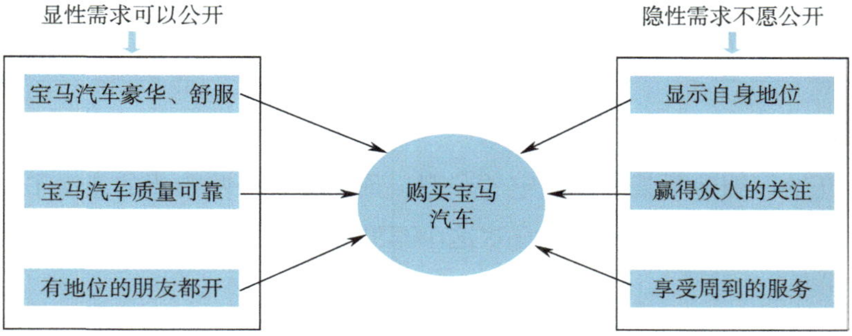

图 4-2　需求的分类

二、分析需求

想一想　作为汽车销售顾问分析客户的需求应从哪些方面着手呢？

汽车销售顾问应从弄清来店意图、购买车型、购买注重点、购买角色、客户类型 5 个方面了解客户的各种需求。

1. 来店意图

汽车销售顾问要弄清楚客户到店里来的真实意图，因为来店的每一位客户都可能是潜在客户。有的客户可能是路过顺便看看的，这类客户大约占走进车行的总人数的 65%，还有的是专程而来的，汽车销售顾问要根据客户来店的真正目的有重点、有针对性地应对接待。

需求分析 1

话术

汽车销售顾问： 您好，× 先生、× 太太，我看你们是开 Polo 来的，车还挺新的，开了几年了？

客户： 3 年多，快 4 年了。

汽车销售顾问： 真看不出，车保养得不错啊。那这次是来换购还是增购。

客户： Polo 是我的第一辆车，当时买车时，我们还没结婚呢。现在想换一辆大一点、高档一点的车。

职场实战

有准备地进行沟通

销售顾问积极利用前期电话或其他互动渠道的沟通所收集的客户信息和需求，展开客户咨询工作。

1）对于总部电商线索邀约到店的客户，应明确相关电商平台的客户电商权益。

2）对于销售服务商网电线索邀约到店的客户，应明确前期报价内容及配套营销组合，与垂直媒体营销内容保持一致。

3）为了更好地服务客户，邀约客户到店的人员与等待接待客户的人员应是同一个人，保持线上、线下的衔接。

2. 购买车型

如果客户开始仔细地看某一种确定的车型，预示着有一些购买的意向了，汽车销售顾问要特别注意观察，此时要推断客户喜欢这个车型的可能原因，包括显性需求和隐性需求都应详细加以分析。

话术

汽车销售顾问： 蔡先生是想换一辆大一点、高档一点的车吧？不知道 × 先生、× 太太的购车预算是多少呢？

客户： 20 万 ~25 万元吧。

汽车销售顾问： 20 万 ~25 万元，在这个价格区间的选择还真不少，那你们有没有了解过什么车型呢？

客户： 其实也没有好好考虑过，不过大众车是我考虑的对象之一。

3. 购买注重点

作为汽车销售顾问要清楚客户的注重点有哪些，客户更在意车的价格，还是车的性能或车的附加价值等。如果客户只在乎汽车产品的价格，则汽车产品的先进性能等因素都对客户不具有吸引力；如果客户的购买重点是提高生活质量，讲究品位，那么优惠的价格等因素对客户不具有吸引力。

话术

汽车销售顾问： × 先生、× 太太，购车一定要选择最适合自己的一款。大众汽车作为德系汽车的代表，安全技术绝对是一流的。你们买车的主要用途是什么呢？

想一想 一个客户为什么走进一家专卖越野汽车的汽车销售公司呢？这种客户的购买重点是什么呢？

专卖越野汽车的汽车销售顾问，面对进入自己店面的客户，首先应考虑客户为什么不买轿车而买一辆越野汽车，要认真分析客户的购买重点，应明确客户周围的人买的是什么车，或者是他的朋友开什么车，在介绍产品之前要搞清楚客户对什么车最了解，或对越野汽车的哪些性能最关注，这些对成功销售是非常有用的。

4. 购买角色

汽车销售顾问在向客户销售汽车之前要留意观察并判断客户的购买角色。来店看车的人若有 3 人或 3 人以上同行者，要特别仔细观察，通过他们的言行等判断出到底谁是真正有购车决策权的人，其他随行的人是什么角色（如是参谋、行家、司机，还是秘书、朋友）。例如，年轻夫妇一同买车，大多以女方喜好为主；中年夫妇买车，多以男方为主；一家老小来购车，一般父母为出钱者，子女为决策者。

话术

客户：主要是上下班代步，因为我和太太的公司在市区，而我们家离市区太远了。如果一人一辆车，上班就方便多了。

汽车销售顾问：那你们这次买车是 × 先生开还是 × 太太开呢？

客户：主要是我来开。

职场实战

分析客户需求的“MAN”原则

在分析客户需求过程中，汽车销售顾问可以参考“MAN”原则：

1）M（Money）代表“购买能力”。客户应有一定的购买能力：M（有）；m（无）。

2）A（Authority）代表购买“决定权”。客户对购买行为有决定、建议或反对的权力：A（有）；a（无）。

3）N（Need）代表“需求”。客户应有对这方面（产品、服务）的需求：N（有）；n（无）。

汽车销售顾问在实际操作中，会碰到以下状况，应根据具体状况采取具体对策。

1）M+A+N：有成交希望的客户，理想的销售对象。

2）M+A+n：可以接触，配上熟练的销售技术，有成功的希望。

3）M+a+N：可以接触，设法找到具有决定权的人。

4）m+A+N：可以接触，可以通过增值业务进行引导。

5）M+a+n：非客户，停止接触。

汽车销售顾问在分析客户需求时，有时欠缺某一条件（如购买能力、需求或购买决定权），只要采取适当的策略使其具备条件便可以促成交易。

5. 客户类型

客户类型是客户需求分析要考虑的一个重要方面，会在后面详述。

步骤二 分析客户信息

一、分析客户的类型

充分了解客户，首先就是要了解客户的大致类型。客户大致可分为支配型、情感型、友善型和逻辑型 4 类，如图 4-3 所示。

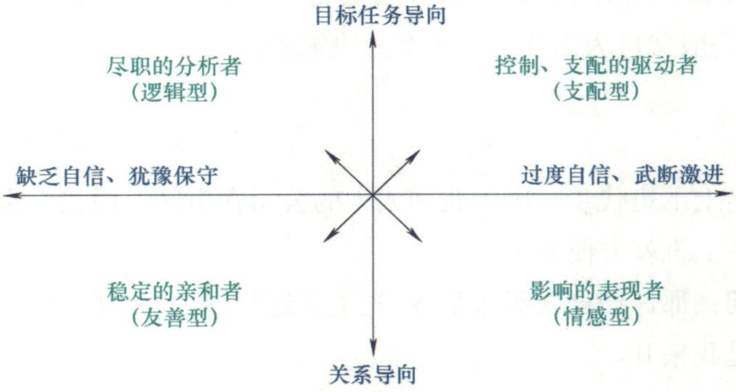

图 4-3 客户类型图

多学一点

对于不同类型的客户应如何辨识和应对？

不同类型的客户具有不同的特征，显现不同的个性和需求，会有各自的说话方式，作为汽车销售顾问应根据不同的特性辨别不同类型的客户，采用相应的应对策略，见表 4-1。

表 4-1 客户类型辨识和应对

分析	类型			
	逻 辑 型	情 感 型	支 配 型	友 善 型
特征	自由主张，不直接	开放，直接	自由主张，直接	开放，不直接
语言	轻而慢，讲话不多，只谈任务，注重资料、事实	快而大声，讲话多，注重有趣的事，有活力	快而大声，讲话多，只谈任务，注重资料、事实	轻而慢，讲话不多，讲究关系，喜欢多选择
个性	反应慢，不注重建立人际关系，守旧谨慎，追求准确，按部就班	反应快、热诚易冲动，注重直觉，目标不专一	反应快，对人际关系不敏感，不愿接受不同意见，讲求快，目标明确	渴望建立友好关系，不喜欢冲突，慢动作，随和，喜欢被认可，难做决定
需求	稳定的工作程序，安定，安全，要求别人关注，并保证结果	社会认同，对自己能力的认同，表达自己的自由	有权威感，安定，主导，需要尊重，获得直接答案	安全感，真诚的赞美，原有的程序和方法

（续）

分析	类型			
	逻辑型	情感型	支配型	友善型
应对	尊重他们对个人空间的需求；不要过于随便，要公事公办，着装正式；摆事实，并确保其正确性；做好准备，语速放慢；集中精力在事实上	表现出充满活力，精力充沛；提出新的、独特的观点；给出实例和佐证；给他们时间说话；要有明确的目的；以书面形式与其确认	充分准备，实话实说；准备充分的资料；不要挑战他的权威地位；指出你的建议是如何帮助他实现目标的	放慢语速，以友好但非正式的方式交流；提供个人帮助，建立信任关系
避免	突变，无准备的行为，失信	没有赞同客户	失面子，不能主导，浪费时间	压力促销，失去安全感

做一做 判断自己是什么类型的客户。

表4-1对各类型客户的特征，以及他们的需求倾向、担忧的事情和针对他们的销售策略都进行了详细的说明。请判断自己是什么类型的客户。

1）确定自己的类型，大致判断自己属于哪个类型。

2）回顾自己在采购贵重的物品时是如何决策的。

3）回顾自己为什么会拒绝一些销售顾问的推荐。

4）如果现在重新做决定，还会买同样品牌的物品吗？

将对这4个问题的回答记录下来，根据记录制订一份推荐一款产品的方案。

想一想 实现线上销售的客户，其心理是怎样的，有什么特点?

线上销售的客户心理是：汽车4S店里的人多，如果有什么突发情况会造成对自身的影响；私家车比公共交通安全。

线上销售客户的特点有：

1）年轻人，有网上买大宗商品的经历。

2）勇于尝鲜、容易沟通。

3）经济状况良好、急于用车。

4）有社交恐惧、喜欢线上交流。

二、购买状态分析

为了明确客户处于什么购买状态，常用客户素质和购买意愿加以衡量。

1. 客户素质

客户素质主要体现在客户对汽车产品的认知程度上。汽车销售顾问考察一个潜在的客户可以首先考察客户的产品知识、对产品的使用情况，及驾驶汽车的技能如何。因此，一个汽车的潜在客户的素质由知识、经验、技能组成，通过这3个指标基本上可以判断该客户的素质水平。

想一想 对低素质的客户应如何销售？

对低素质的客户进行汽车销售时，汽车销售顾问应在销售过程中起主导作用，尽可能详细地讲解汽车的各种知识，争取为客户安排试乘试驾，尽可能图解各种汽车技术给驾驶者带来的好处和利益，这些都会促成低素质客户的成交。

想一想 对高素质的客户应如何销售？

对高素质的客户进行汽车销售时，汽车销售顾问应该根据客户的要求有特色地跟进销售过程，由客户来主导，以顺利地完成整个销售过程。

高素质的客户非常希望由他们自己来控制销售过程。他们可能会拒绝试乘试驾，他们也可能会拒绝听汽车销售顾问讲汽车知识和对流程的介绍，他们更愿意销售顾问根据他们的特质来回答问题，他们希望被当作高水平的客户对待。

2. 购买意愿

客户的购买意愿指标一般由客户的购买动机、承诺和对汽车销售顾问的信心构成。

（1）购买动机　判断客户的购买动机的要点表现在：

1）对产品的关心程度，如对汽车的价格，汽车的安全性、动力性和操纵性等是否关心。

2）对购车的关心程度，如对汽车的购买合同是否仔细研读、要求将合同条文进行增减等。

3）对产品是否信赖，如对汽车的品牌、做工、安全性等是否满意。

4）对销售企业是否有良好的印象。客户对汽车销售顾问的印象影响客户的购买动机。

如果客户购买汽车的主要动机是代步，那么客户注重的便是汽车的价格，即使客户素质高，也不会购买高档车、豪华车。

（2）承诺　在汽车销售过程中，客户往往会表现出一些购买意向，汽车销售顾问应注意客户是否向你承诺近期购买，客户是否承诺会到你这里来购买。客户的承诺是非常重要的一个信号，有的客户会说“我肯定会回来的，下周我再来找你”，这些都是客户的承诺，客户有承诺就证明客户有购买意愿。

（3）信心　客户的购买信心主要表现在对汽车产品、汽车销售服务人员及经销商等方面的信心。在汽车销售过程中，汽车销售顾问应让客户对自己有信心，用自己的知识、技能及良好的沟通能力赢得客户的信任，利用自己规范、专业的产品介绍及服务来增强客户对汽车产品和经销商的信任。客户的信心是产生交易的必要条件。

步骤三　了解客户的消费意向

你知道吗？ 获取客户需求的方法有观察、提问和倾听。

一、掌握客户的背景信息

汽车销售顾问在与客户接触商洽过程中，首先要了解客户的背景信息，如家庭情况、业余爱好及联系方式等，根据客户的背景信息做出合理的判断。

想一想 如何获取客户的背景信息？

汽车销售顾问从客户进入视线开始就应认真观察客户，在与客户交谈时以轻松交流、寒暄的方式来获取客户需求信息，切忌盘问式谈话。

1. 观察

汽车销售顾问应随时观察周边情况，从客户进入视线开始便对客户进行观察，尽可能多地了解客户的信息。在接触前，汽车销售顾问应观察客户所使用的交通工具，如是自己开车来的，那么需进一步了解其开的是什么车，有没有陪同人员，客户的气色是不是很好，精神状态如何，衣着打扮如何，是否关注过店内外的某项摆设或对什么感兴趣等。在与客户接触后，汽车销售顾问应关注客户的目光语态、交谈的内容及关注点，是不是一进展厅就直接去看某款车等。

你知道吗？ 客户的仪容仪表及言谈举止会透露什么信息？

（1）衣着打扮 在一定程度上反映经济能力、选购品位、职业、喜好。

（2）姿态 在一定程度上反映职务、职业、个性。

（3）眼神 可传达购车意向、兴趣点。

（4）表情 可反映情绪、选购迫切程度。

（5）随行人员 其关系决定对购买需求的影响力。

（6）步行 / 开车 可以传达购买的是否首辆车，可能购买什么品牌的汽车，是否置换，预购车型等信息。

2. 提问

想一想 提问的目的是什么？

提问在发现客户的需求、探求客户的目标方面发挥着非常重要的作用。提问是为了了解客户有关购车的相关信息，引导客户进行交谈，在沟通交流中让客户感觉到被重视，有一种尊贵感，了解客户的真实需求，为产品介绍做充分准备。

汽车销售顾问在与客户寒暄时，一定要注意对场面的掌控，知道问什么、何时问、怎样问。只有主导权在汽车销售顾问这边的时候，才是发问的最佳时机。

你知道吗？ 汽车销售顾问常用的提问方式有哪些？

在需求分析的过程中，汽车销售顾问常采用多种提问的方式，如开放式提问、封闭式提问、选择性提问、肯定式提问、启发式提问、反问式提问、探寻式提问、假设式提问等。汽车销售顾问可根据不同客户的具体情况选择不同方式进行提问。

知识链接　开放式提问、封闭式提问及其他提问的运用

（1）开放式提问　开放式提问的主要目的是收集信息。开放式提问提出的问题范围较大，对回答的内容限制不严格，给客户留有自由发挥的余地。汽车销售顾问可以通过开放式提问让客户展开话题，充分表露自己的想法和意见，也就是客户的期望和需求。适当的开放式提问可以为汽车销售顾问提供更多的客户信息，例如：

您打算什么时候买车呢？

这款车您感觉怎么样呢？

您对车的主要要求是什么呢？

您想看看我们哪款车呢？

（2）封闭式提问　封闭式提问的答案具有唯一性，提问范围较小且有限制，主要用是或不是、要或不要、有或没有等简单词语来回答。封闭式提问的目的是确认信息。在收集到足够的信息后，销售顾问就可以用封闭式提问来确定自己的判断和理解。销售顾问通过封闭式提问将客户的需求不断地确定下来，最后便能确认某款产品或服务能满足客户的需求。封闭式提问例如：

先生是来看车的吗？

先生您是选择高配还是低配呢？

先生您要加装选装包吗？

先生您之前开过车吗？

汽车销售顾问在准确运用开放式提问、封闭式提问以外，还可以运用多种提问方式。

您购车是自己开还是家人开？（选择性提问）

先生您是选择银色还是黑色？（选择性提问）

先生您是交5000元订金还是10000元订金呢？（选择性提问）

您是开着××（车型）来我们展厅的，是吗？（肯定式提问）

您是不是觉得红色更加时尚一些呢？（启发式提问）

您为什么这样认为？（反问式提问）

您今天要不要把车定下来呢？（探寻式提问）

如果您今天付订金，您是刷卡还是付现金呢？（假设式提问）

职场实战

汽车4S店需求分析提问技巧——5W2H需求分析法

客户需求分析目的是获取必要的信息以便向客户推荐合适的产品或服务。在汽车

4S 店销售过程中，汽车销售顾问的提问往往是围绕 5W2H 等重要信息展开的。

1）5W：

Who——购买者、决策人、影响人等；When——购买的时间；

Where——购买的地点、了解信息的渠道；Why——主要需求等，如用途、使用方式；

What——意向购买的车型或服务等，感兴趣的配备或特性。

2）2H：

How——购买的方式、付款的方式；How much——客户的预算和支付能力。

话术

汽车销售顾问：请问您购买的这款车是您开还是您的家人开？

客户：我自己开。

汽车销售顾问：那您有什么兴趣爱好，比如自驾游、周末郊游或购物等。

客户：我喜欢周末去郊外。

汽车销售顾问：您一看就是很有生活品位的人。我们展厅最近有促销活动，您方便留一下联系方式吗？手机号、QQ 号或微信号等都可以，以方便及时通知您。

3. 倾听

汽车销售顾问要学会倾听，并要遵守倾听的一些主要原则：要适应客户的风格；做到眼耳并用；鼓励客户表达自己；倾听客户全部信息，表现出有兴趣倾听的样子。

汽车销售顾问都应该是一个好的听众，只有认真倾听才能获得有价值的信息，才能推进销售。

你知道吗？　常见的倾听技巧有哪些？

1）让客户把话说完，不要急于下结论或打断他。

2）将客户的见解进行复述或总结，确认理解正确。

3）创造良好的倾听环境，要没有干扰；精力集中，表情专注，身体略微前倾，认真记录。

4）用肢体语言积极回应，如点头、眼神交流或用感叹词等。

5）忘掉自己的立场和见解，站在对方的角度去理解对方，适度地提问，明确不明了之处。

职场实战

积极地与客户进行互动

就客户感兴趣的话题与客户进行互动，尊重客户、倾听客户的看法，适当表达认同和赞美，若有必要，征求客户的同意后记录。

1）寻找客户感兴趣的话题，掌握客户的背景信息。

2）在与客户沟通的过程中，适时请客户扫码销售服务商的微信公众号，利用品牌和销售服务商推送的信息提升沟通效率。

需求分析 2

二、了解客户购车需求

1. 探询客户的用车经验

汽车销售顾问在与客户交谈中应询问客户的用车经验，通过询问了解客户对车辆的使用情况，明确客户是新购、增购还是换购。若客户需要换购，则介绍经销商二手车置换业务，探询客户的置换购车意向，鼓励客户进行换购。

职场实战

需求分析与引导

1）通过提问来引导客户购车需求，如用车经验、购车用途、对车辆的关注点、对比车型、增值业务需求等，使用需求分析法不断确认客户需求。

2）针对总部电商、销售服务商 DCC 邀约等已明确需求及意向车型的客户，强化卖点，确认车型明细、挖掘增值业务需求。

3）在咨询过程中发现客户符合集团采购、团购等关键客户业务的销售线索时，应及时告知销售总监。

话术

汽车销售顾问：请问您目前开的什么车？

客户（男）：开的是凯美瑞。

汽车销售顾问：请问开了几年了？

客户（男）：开了 6 年了。

汽车销售顾问：那您对汽车应该是很了解的。您最喜欢目前车辆的哪一点：经济性、动力性、操控性、安全性、空间还是外观？

客户（男）：动力性和操控性，发动机一定要好，这样对行驶安全更有保证。

汽车销售顾问：那 × 太太您呢？

客户（女）：我对车不是特别了解，只要外观大气一些、时尚一些就可以，当然我先生所说的安全性是最重要的。

汽车销售顾问：您有特别喜欢的车吗，了解过哪些车型？

客户（男）： 还没有，不过很喜欢大众汽车。

汽车销售顾问： 谢谢您对我们大众品牌的厚爱，您这次来是打算增购呢还是换购？

客户（男）： 我打算换购。

汽车销售顾问： 我们店有专业的二手车评估师可以免费为您评估车辆，敬请放心。

2. 探询客户使用消费信贷意向

汽车销售顾问要询问客户的购车预算，分析客户的收入水平，介绍经销商信贷业务，探询客户使用消费信贷购车的意向。尽最大可能运用经销商的信贷业务帮助客户解决购车资金上短缺的问题，努力帮客户实现购车愿望。

话术

汽车销售顾问： 请问您的购车预算是多少？

客户： 20 万 ~25 万元吧。

汽车销售顾问： 请问您需要分期付款吗？

客户： 这个还没确定，但车一定要在预算范围之内。

汽车销售顾问： 这个您放心，我一定会根据您的预算推荐适合您的车。现在有很多客户采用信贷购车，很划算的。

职场实战

探寻客户需求的执行要点

1) 汽车销售顾问寻找客户感兴趣的话题，掌握客户的背景信息。

2）汽车销售顾问有效提问，引导客户说明其购车需求，收集对自己有用的信息（如购车预算、对车辆的关注点等）。

3）汽车销售顾问应询问客户的用车经验，若为换购客户，则介绍经销商二手车置换业务，探询客户的置换意向。

4）汽车销售顾问应询问客户的购车预算，分析客户的收入水平，介绍经销商信贷业务，探询客户使用消费信贷购车的意向。

想一想　汽车线上销售如何进行需求分析？

线上销售针对进店意愿低的意向客户，通过微信或其他社交 APP 添加等形式促进需求分析、购买实现无接触销售。

话术

客户：不到店不知道选哪个颜色。

汽车销售顾问：如果您没时间来店里，可以通过我们的云展厅和官方商城了解。

汽车销售顾问：请您关注××××公众号→点击随心阅→云展厅，即可进入浏览。

汽车销售顾问：请您手机端访问××××官网→心仪车型→云展厅，即可进入浏览。

客户：你们渠道挺多啊，我看看。

汽车销售顾问：我们还有一对一的讲解服务，欢迎您随时了解。微信扫描小程序码→点击一对一连线→勾选同意后连线顾问→一对一讲解服务，就能进入，非常方便。

知识巩固

1. 在客户接待过程中，可以观察到客户的哪些信息？

2. 猜牌游戏：准备1副崭新的扑克牌，4个人或更多人为1组，小组内完成这个游戏。

1）首先请出甲和乙，其中甲洗牌，将大、小王从整副牌中抽出，乙从其他52张牌中任意抽取1张牌交给同组的丙。

2）丙将抽到的牌展示给同组其他人，但不能让抽牌的乙看见。

现在，开始精彩的猜牌游戏。由乙提出问题，同组其他人回答，最终由乙猜出抽取的牌是什么。请思考：

① 为什么乙能猜出他抽出的牌是什么？

② 游戏中是洗牌洗得好，乙问得好？

③ 开放式提问和封闭式提问的作用分别是什么？

④ 这个游戏对于汽车销售顾问有什么启示？

3. 在与客户交谈过程中，如何做一个积极的倾听者？

任务二　明确客户需求

任务目标

通过本任务的学习，应达到以下目标：

1）能够在明确客户需求的基础上为客户提出专业建议。

2）能够灵活运用与客户沟通的技巧。

3）能够不断更新客户需求的相关信息。

任务内容

汽车销售顾问李晓在了解了蔡先生夫妇的背景信息、购车需求、用车经验、购车预算等购车背景后，应如何进一步沟通挖掘客户的需求呢？

任务实施

步骤一　选择销售方案

一、确定客户的需求

通过观察及有针对性地提问和问答，汽车销售顾问基本了解了客户对购车的需求，但还需要进一步确认，这就需要汽车销售顾问与客户进行有效的沟通，从客户需求和预算的角度出发来挖掘客户的需求。

想一想　汽车销售顾问如何与客户进行有效的沟通？

所有销售要达到的目的几乎都是通过沟通来实现的。有效的沟通是获取客户需求的重要途径。有效的沟通是在与客户沟通后让客户认为这位汽车销售顾问很专业、很诚恳、很实在，有水平、有能力、有经验等，让客户对你有信心。如果汽车销售顾问只是能说会道、滔滔不绝，而不是真正从客户的角度出发提供服务，一般很难达到有效沟通的效果。

话术

汽车销售顾问：× 先生、× 太太，还有其他要求吗？

客户：我们想一次性付清车款，不想多付利息，所以，车辆价格一定要在预算范围之内。

汽车销售顾问：这个您放心，我一定会根据你们的预算推荐适合你们的车。

二、销售方案选择

根据客户的需求分析，汽车销售顾问应给出合理的销售方案，一是让客户选择，二是给客户提供更多方案，以便客户选择。

话术

汽车销售顾问：其实在您的预算范围内有很多选择，您是喜欢轿车还是 SUV？

客户：SUV 很好，也很流行，但是会超出我们的预算。

汽车销售顾问：其实买车一定要选一款自己喜欢的，预算我们可以商量。

步骤二　引导客户需求

一、客户潜在需求

汽车销售顾问利用经销商的置换业务及信贷业务等增值服务，积极促进客户明确购买意向，引导并提升其购买需求。

话术

汽车销售顾问：现在有很多客户采用信贷购车，现在流行用自己的钱投资，花银行的钱消费。

客户：那就得多付利息呀。

汽车销售顾问：我们有各种不同的金融方案，以满足不同的客户要求，例如一年零利息贷款业务，就挺适合你们的。两位如果感兴趣可以了解一下。

客户：这项业务挺不错呀，小李，可以给我们介绍一下吗?

汽车销售顾问：好的。

二、更新客户需求

想一想　客户如何才能采纳汽车销售顾问的建议?

汽车销售顾问的任务是帮客户买到合适的车型，利用汽车销售顾问对汽车产品的了解，融合汽车销售知识及服务为客户购车提供专业的购车咨询服务，在整个过程中需不断更新客户需求的相关信息。

话术

汽车销售顾问：刚才跟你们聊了这么多，根据你们的情况，我感觉我们的 ××× 款车特别适合你们，您之前了解过 ×× 车型吗?

客户：这款车超出我们的预算了。

汽车销售顾问：我建议您用你们的车进行置换，我们的 ×× 二手车服务是最早推出的专业二手车服务品牌，我们可以为您提供免费评估，这样您就可以将新车开回家了，您觉得呢？

职场实战

明确客户需求的执行要点

1）汽车销售顾问应从客户需求和预算的角度明确客户的需要，制订相应的销售方案。

2）汽车销售顾问应认真倾听客户表达的信息，注意细节，注意客户潜在的需求；征得客户的同意后记录客户的信息。

3）汽车销售顾问应利用置换、信贷等增值服务，积极促进客户的购买意向，引导并提升其购买需求。

4）通过需求分析，汽车销售顾问为客户提供专业的购车咨询服务，并在整个过程中不断更新客户需求的相关信息。

知识巩固

案例

展厅外面开来一辆牌照号为沪 A××××× 的老款雅阁，车上下来一个 30 岁左右的小伙子，还有一个抱着小孩的年轻女子和两位老人，老人的相貌看上去很威武。小伙子带着他们一起走向展厅……

小组讨论

1. 全班分成 3 组，每组选举出一个小组长。
2. 各小组成员运用相关知识在 5 分钟内对客户的信息进行初步判断与分析。
3. 由小组长带领小组成员陈述讨论结果，并一同参与点评，将正确答案写在表 4-2 中。

表 4-2 判断客户信息表

初步判断客户信息	参考依据
	牌照号为沪 A××××× 的老款雅阁，老人很威武
	小伙子，年轻女子带小孩，两位老人
	一家人出动来决定某款车型
	警察身份或国家公职人员，有购买力
	一般一个家庭来买车的是为年轻男性选车
	小伙子表现很积极，主动带领全家进入展厅

任务三 确认客户需求

任务目标

通过本任务的学习，应达到以下目标：

1）能够引导客户的需求。

2）能够运用灵活的方法总结客户需求信息。

3）能够为客户提供合理的销售方案。

任务内容

汽车销售顾问李晓进一步推进了蔡先生夫妇的需求，介绍了经销商的二手车评估业务和信贷业务。接下来，李晓需要根据蔡先生夫妇的需求，推荐适合客户的销售方案。李晓应该如何去做呢？

任务实施

通过汽车销售顾问对客户需求的探寻，明确并适当引导客户的需求，在最后阶段就应总结客户的需求信息，争取与客户达成共识，根据客户需求推荐合适的车型和销售方案并引导客户观摩所推荐的车型。

步骤一 阶段性总结客户的需求

为了确认客户的需求，汽车销售顾问需要阶段性地总结客户的需求信息，并与客户达成共识。

话术

汽车销售顾问：蔡先生，刚才跟您沟通了这么多，谢谢您的反馈。根据刚才您的要求和我的理解，我总结一下，您现在想购买一款新车，购车预算在20万~25万元之间，主要用途是日常上下班代步和节假日出游，比较看重动力性和操控性。同时，空间要大一些。如果车型满意，也可以考虑置换现在这辆Polo。您看，还有什么遗漏的吗？

客户：对，是这样，你总结得很全面。

步骤二 销售方案推荐

根据客户需求推荐合适的车型，若客户有利用置换业务或信贷业务购车的意向，汽车销售顾问应积极提供相关信息和文件，引导客户的消费需求，根据客户需求推荐合适的车型和销售方案。

话术

汽车销售顾问：我觉得我们全新 ×× 车的 ×× 版比较符合两位的需求。

客户：哦，这款车多少钱呀？

汽车销售顾问：×× 车 ×× 款现在售价 23.98 万元，现在是我们销量最好的一款车。

汽车销售顾问：大家反映这款车的性价比还是比较高的。

客户：23.98 万元，那全部算下来岂不要超过 25 万元了。

汽车销售顾问：其实，预算是“死”的，选一款自己真正喜欢的车才是最重要的，刚才，我介绍过信贷购车和我们的二手车置换业务了，只要两位选好车，我们总会有办法的，是吧？

客户：嗯。

步骤三 引导客户观摩推荐车型

通过前面的分析，汽车销售顾问向客户推荐了合适的车型和销售方案，引导客户观摩推荐的车型。接下来，汽车销售顾问应让客户看到汽车产品，引导客户前往观摩，通过汽车产品的介绍，让客户感到自己的选择是正确的。如果展厅没有现车，可以通过宣传单页、产品彩页或相关的视频让客户看到产品的优势。

话术

汽车销售顾问：现在我们展厅正好有一辆展车，我带两位去看看好吧？

客户：好。

职场实战

确认客户需求的执行要点

1）阶段性总结客户的需求信息并与客户达成共识。

2）根据客户需求推荐合适的车型和销售方案，引导客户观摩推荐车型。

3）若客户有利用置换业务或信贷业务购车的意向，销售顾问应积极提供相关信息和文件，引导客户的消费需求。

想一想 作为汽车销售顾问在进行客户需求分析时，询问哪些问题？

汽车销售顾问在与客户接触商洽过程中应不断完善和更新客户的信息和需求，并根

需求分析
课堂演练

据客户的需求做出合理的判断，促进交易达成。汽车销售顾问进行客户需求分析时，要针对客户的背景信息、现用车辆、新购车及购车过程提出相应的问题，才能更好地分析出客户的需求。这些你都做到了吗？请参考表 4-3 检查一下。

表 4–3 客户需求分析检查表

相关信息	相关问题
有关现用车	1. 您目前开的是什么车？使用了多长时间？ 2. 您想换一辆比你目前车辆大一些还是小一些的车？ 3. 为什么您想更换车辆？ 4. 您最喜欢目前车辆的哪一点？ □外观 □内饰 □空间 □动力 □操控 □安全 □经济 □舒适 □其他 5. 您最不喜欢目前车辆的哪一点？ □外观 □内饰 □空间 □动力 □操控 □安全 □经济 □舒适 □其他
有关新购车	1. 您有特别中意的车吗，了解过哪些车型？ 2. 您将购买的车是商用还是个人使用？请说明您将如何使用新车。 □商用 □公务 □个人 3. 用车频率如何，什么时候需要？ 用车频率 □每日使用 □每周使用 □定期使用 □其他 购车时间______。 4. 您认为新车应当必须具备什么特点？ 5. 对于您的购买决定，有什么重要影响因素吗？
关于购车过程	1. 您是想留下目前的车，还是想以旧换新？ □新购 □换购 □增购 2. 您目前的车是全额现金购买的，还是租借的，或是贷款购买的？ 3. 您买车是分期付款吗，预算是多少？ 4. 您想选购哪个价格档次的车？ □ 10 万元以下 □ 10 万 ~15 万元 □ 15 万 ~20 万元 □ 20 万 ~25 万元 □ 25 万 ~30 万元□ 30 万元以上 5. 您希望以何种方式付款？
有关客户背景	1. 家庭情况 2. 业余爱好 3. 联系方式 4. 对本汽车 4S 店的接触经验 5. 其他

知识巩固

在汽车 4S 店的汽车销售过程中，经常会遇到不同的情况，会遇到客户提出的不同问题，那么如何应对突如其来的问题呢？

1. 客户看了很多车都不满意。

2. 客户一进展厅便对汽车销售顾问说：“我没听过你家这个品牌”。

学习情境五

车 辆 推 介

车辆推介是在汽车销售顾问已充分了解客户需求后展开的，是客户体验车辆性能最直接的一个环节，影响到能否顺利成交。同时，客户可能会提出异议以及竞品对比。因此，汽车销售顾问应考虑客户的实际需求及所关心的问题，提供专业的讲解，合理对比竞品，解决客户的异议，鼓励客户参与试乘试驾，从而为最后的成交打下基础。

任务一　车 辆 介 绍

任务目标

通过本任务的学习，应达到以下目标：

1）能够正确运用相关产品知识、竞品知识。

2）能够熟练运用绕车介绍法进行车辆介绍。

3）能够根据客户的需求进行汽车各性能展示。

4）能够进行竞品车型的比较，掌握车型卖点。

5）能够明白客户异议产生的原因、处理一般客户的异议。

任务内容

汽车销售顾问李晓成功地对蔡先生和蔡太太进行了需求分析，了解到两位客户对汽车的动力性、操控性及安全性比较看好。展厅正好有现车，汽车销售顾问李晓应该如何根据客户的需求进行汽车各种性能的展示，处理好在产品介绍过程中客户提出的异议和竞品比较呢？

任务实施

步骤一　产品展示准备

一、展车的准备

汽车销售顾问在营业前应整理并清洁展车，确保展车以最佳状态呈现在到店客户面前。

做一做 再次检查展车，以方便客户的参观与操作。

1. 车辆放置位置

展厅车辆摆放位置应按照厂家零售标准检查要求摆放。摆入展厅时，车辆下应该加地垫，车辆右侧摆放车型资料架。

1）注意车辆的搭配。展示区域的车辆应多种颜色搭配，这样效果会更好。注意车辆的摆放角度，应让客户感觉错落有致。重点车型要摆放在合适、醒目的位置。旗舰车型一定要放在突出位置，注意凸显产品特色。这是体现汽车产品差异化、提高竞争力、使客户加深对汽车产品印象的重要手段，如图 5-1 所示。

2）按规定摆放车辆的资料展示架，使整个展厅的摆放具有协调性、一致性，如图 5-2 所示。

图 5-1 展厅车辆摆放

图 5-2 车辆资料展示架

2. 摆放标准

1）车辆轮毂中间的 Logo（车标牌）应与地面呈水平状态。轮胎导水槽内要保持清洁、无异物，轮胎、车轮内衬清洁、无灰尘及泥渍，如图 5-3 所示。很多专业的汽车公司都把自己专营汽车的标志印在垫板上，这样会给客户留下一个良好的整体印象。

2）去掉新车转向盘上的塑料套，车镜、遮阳板上的塑料套，如图 5-4 所示。后座椅安全带折好，扎起来塞到后座椅座位中间的缝隙里面，留 1/2 在外面。

图 5-3 轮胎及车标摆放标准

图 5-4 车辆内饰

3）调整好倒车镜、后视镜，使其处于一个合适的位置，天窗上扬，如图 5-5 所示。

图 5–5 后视镜、天窗位置

4）前排座椅调整到适当的距离，前排两个座位从侧面看必须是一致的；将前、后枕位置保持在最低处，如图 5-6 所示。座位与转向盘间要有一个适当的距离，以方便客户进出。若两者距离太近，不仅不方便客户坐进去，而且会使客户有空间局促感，误以为驾驶室空间小。

5）车内放置同款车型脚垫，禁止摆放纸质脚垫或用其他物品代替，如图 5-7 所示。例如，沃尔沃汽车的脚垫上面应有沃尔沃的标志，摆放的时候应注意标志的方向，若脚垫脏了，要及时更换。

图 5–6 前排座椅摆放标准

图 5–7 车内脚垫摆放标准

6）转向盘摆正并调到最高位置，如果太低，客户坐下后会感觉局促别扭。将仪表盘上的时钟调校出标准的北京时间，确认各功能范围内的频道已调好，左、右扬声器声道、音量已调好，可以视客户的年龄、性别、爱好，为客户提供一些古典音乐、流行音乐、戏曲或轻音乐等光盘。确认已准备好各类风格的 CD 和 VCD 碟片。

7）要保证展车的蓄电池电量充足。

3. 车辆清洁

1）备胎存放处整洁有序、无杂物，安全警示牌、工具包等合理放置，如图 5-8 所示。

2）行李舱中无杂物，内、外清洁，缝隙中无灰尘、泥土，如图 5-9 所示。

图 5–8　备胎存放处清洁标准

图 5–9　行李舱清洁标准

3）发动机舱无灰尘和油渍，发动机盖清洁干净、无水渍，如图 5-10 所示。

4）整车要全面清洁，无手纹、无水痕（包括发动机舱、排气管、车身、门槛、门缝等部位），如图 5-11 所示。

图 5–10　发动机舱清洁标准

图 5–11　整车清洁标准

5）前、后牌照架处铭牌干净、无胶痕，如图 5-12 所示。

a）　　　　b）

图 5–12　前、后铭牌清洁标准

a）前铭牌　b）后铭牌

6）车内无灰尘，座椅无污渍，座椅侧面以及迎宾踏板处无灰尘、脚印，如图 5-13 所示。

图 5-13 车内清洁标准

二、工具及知识的准备

汽车销售顾问应在销售工具包内准备好最新的产品和竞品资料，以便向客户展示说明，还应掌握所属经销商全系列产品知识，充分了解竞品信息，掌握所属经销商各款产品的对比优势，能够熟练进行六方位绕车介绍。展厅内放置各车型产品目录，每种车型至少 10 份，便于到店客户自行取阅。

步骤二 向客户展示产品

汽车销售顾问一定要抓住新车展示的机会，唤起客户对本品牌的热诚，让客户信任产品的质量，对颇具竞争力的特征和一流的配置感兴趣，让客户对新车充满期待和对汽车销售人员及专卖店产生好感。在这个阶段中，最重要的是严格按照汽车销售流程标准去展示汽车产品的各个要点。

职场实战

产品展示工具

汽车产品展示工具是指各种有助于介绍产品的资料、用具、器具等，如汽车产品宣传资料、产品目录、说明书、数据统计信息、市场调查资料、权威机构评价等。

除了厂家和经销商提供的工具外，汽车销售顾问也可以准备有效的产品展示工具，提升销售效率，如客户来信、图片、客户或专家的证言资料、个人获奖证明、报纸杂志剪辑软文等。

一、六方位绕车介绍法

六方位绕车介绍法是对车辆左前方、车辆侧面、车辆后方、乘员舱、驾驶舱及发动机舱六个方位进行绕车介绍，如图 5-14 所示。有的汽车经销商用五方位介绍法，有的汽车经销商用“6+1”介绍法，都是在此基础上演化而来的。

图 5-14　六方位绕车介绍图

想一想　*六方位绕车介绍法的优势有哪些？*

六方位绕车介绍法是汽车销售顾问介绍车辆最基本的方法，它有助于汽车销售顾问有条理地记住汽车介绍的具体内容及主要的汽车特征和优势。在进行环绕车辆介绍时，汽车销售顾问应确定客户的主要需求，针对这些需求在不同方位做讲解，以建立客户的信任感。汽车销售顾问只有通过介绍客户有需求的汽车产品特性，才能让客户全面地了解汽车产品，明确购买需求。

二、六方位介绍法的内容

当客户接受汽车销售顾问的建议，愿意观看汽车销售顾问推荐的车款时，汽车销售顾问应该从哪里开始？图 5-14 中 1 的位置就是汽车销售顾问应该开始进行介绍的位置，图 5-14 中号码标示流程就是在展厅中介绍汽车的一个标准流程。汽车销售顾问需要掌握在每一个位置向客户介绍汽车的要点，并且要记住每一个方位需要向客户介绍的内容。

1. 第一方位——车辆左前方

想一想　*在车辆的左前方应重点介绍哪些要点？*

第一方位是车辆左前方 45° 的位置。每一个品牌的车辆，其形状和设计的角度都不一样，所以在第一个方位从车头 45° 向客户进行介绍时，这个方位会让客户全视野观看车辆，客户会注意到汽车的标志、保险杠、前照灯、前风窗玻璃、刮水器等。汽车销售顾问在这个时候要做的就是让客户喜欢上这辆车。第一方位要重点介绍的车辆要点如图 5-15 所示。

六方位介绍－车前介绍

- 车辆的外观和造型 • 品牌特征 • 前保险杠设计
- 前照灯特性 • 车身高度 • 前风窗玻璃
- 前格栅 • 通风散热装置 • 刮水器

图 5-15　第一方位示意图

话术

汽车销售顾问：×××是集大众公司多年造车智慧之大成者，在完美中寻求突破，再次切准新时代精英人群的脉搏，继续以引领者姿态为消费者再创经典。

首先，我们来看看新一代×××全新的外观设计，前瞻时代的革新理念，引领未来的恢宏气魄，重新定义卓尔不凡的新经典杰作，全新一代×××与出众的您一起重新定义新格局。您看车身前端酷似“辉腾”的全新×××成功运用大众集团最新设计理念，以其优雅稳重而不失现代感的时尚大气凸显名车的身份、地位。豪华尊贵，彰显非凡气派而简洁的曲面，动感流畅。家族徽标嵌在发动机散热器前面的格栅中间，简洁、鲜明，令人过目不忘。

再请看前格栅，Dynamic Balance横拉式镀铬格栅使整车显得更加稳健，高亮宽大的上格栅与两个熏黑前照灯融为一体，营造出威严深邃的格调。同时，其巧妙立足于中国消费者审美喜好，从当代前卫建筑作品与传统窗格图案中提取经典设计元素，配以镀铬装饰条，创造出一系列精致的细节设计，不但提升了整车品质感，也丰富了经典简约造型下的视觉层次，动感而不乏豪华气质。

做一做　以合适的站位在第一方位向客户介绍车辆。

汽车销售顾问向顾客介绍车辆时，可以邀请客户和自己并排站在车辆的斜前方，以社交距离站立，不应距离过近或过远。讲到某一要点时，可以配合指引手势，强调所销售的车辆与众不同的地方，以便引起客户的关注，让客户产生购买的欲望。

2. 第二方位——车辆侧面

职场实战

引导礼仪

1）汽车销售顾问应走在客户前方、客户视觉约45°的位置，身体稍转向客户一方，若是熟悉的客户可以并肩行进。

2）将参观路线的中央线让给客户行走。步调要适应客户的速度，如果遇到拐弯，需稍停一下，待客户走到转角处再向前引导。

3）汽车销售顾问对于车辆介绍时的引导，应有控制场景的能力，让客户随着自己的讲解节奏进行。当汽车销售顾问从左前方转向车辆侧面为客户介绍时，一定要注意引领。

想一想　在车辆侧面应重点介绍哪些要点？

第二方位是车辆侧面。无论哪一类客户，看到汽车第一眼就心动的都不多见，最重要的是汽车的气质个性与购车者的匹配程度。汽车销售顾问要根据发掘的客户需求有针对性地介绍车辆的侧面。第二方位要重点介绍的车辆要点如图5-16所示。在这个方位介绍时，汽车销售顾问在介绍轮胎时可根据具体情况选择蹲姿。

- 车辆的驾控特征
- 车辆的长度
- 车体\防刮条
- 轮胎、轮毂
- 制动性能
- 侧面玻璃提供的开阔视野
- 侧面的安全性
- 越野车的通过性

六方位
介绍－侧面介绍

图5–16 第二方位示意图

话术

汽车销售顾问：下面我为您介绍一下车辆侧面。从侧面看，车顶线条更平直，车尾显得更精练、棱角分明。前悬架略短、后悬架略长，镀铬防擦条车身向前、后保险杠两侧呈辐射状贯穿延伸，所勾勒出车身底部线条提升了整车流线视觉效果，使其更具动感。全新一代×××车顶及侧围采用大众引以为豪的激光焊接技术，使连接达到分子层面的结合，将两块钢板连接处直接融合，从而形成一块钢板，大大提高了整车的强度，以免车身在运动形态中变形，无论驾驶舒适性、稳定性还是噪声控制均提高到一个新水平。车顶无焊缝，外观更平滑，同时十分专注于安全品质的车身材料。A、B柱均采用高强度热成型材料，并且全车60%以上结构采用高强度钢板，28%甚至是超高强度钢板，厚度为1.0~1.5毫米，运用了空腔注蜡和阴极电泳底漆的先进工艺，给新一代×××带来了12年的防蚀保证。

全新一代×××采用汇聚上海大众汽车顶尖科技实力的ACC全独立主动响应式底盘系统。前悬架采用全新研发的麦弗逊独立悬架，智巧轻便，可为驾驶舱提供更大空间。独特的S形偏心弹簧可减少减振器的侧向受力，坚挺的侧向支撑让过弯倍感自信。后悬架采用多连杆独立悬架，恰到好处地实现横纵两向支撑，配以有效增加轮胎触地跨度的更宽轮距，灵巧的操控感及良好的动态平稳感更加完美统一。全新一代×××采用了长轴距底盘设计，长宽高分别为4870毫米/1834毫米/1472毫米，轴距长达2803毫米，使得车内空间更加宽敞，具有良好的行驶稳定性，驾乘更加舒适。

全新一代×××配备了韩泰的215/55 R17绿色节能轮胎和多辐式设计的铝合轮毂，具有良好的抓地力，环保节能、经久耐用，可以从容应对各种路面，从而确保了车辆的稳定性和安全性。

多学一点

电动汽车的侧面介绍

客户在购买电动汽车时往往关注电动汽车蓄电池的安全性，在侧面可以将电动汽车蓄电池的安全性向客户进行说明，以便让客户安心购买。

话术

× 先生 / 小姐，您好！您看咱们的 ××× 车型采用的是蜂巢蓄电池，现在电动汽车销量前十名里面有 6 家都在用蜂巢的蓄电池，像理想、吉利、零跑、岚图、哪吒、一汽等，蜂巢短刀无忧蓄电池经过远超国家标准的火烧、挤压、针刺试验，都没有起火、爆炸；蓄电池包内部比其他品牌多一条泄压通道，即使热失控，也能及时排出高温、高压气体，减少爆炸风险；使用高温绝缘和高温耐热材料，即使单个电芯出现热失控，也不会蔓延到其他电芯，可以很好地保障车辆安全。我们还有 X 云平台，远程智能监控（第五重防护），随时监控蓄电池状态，预判危险情况。

3. 第三方位——车辆后方

想一想　在车辆后方应重点介绍哪些要点？

第三方位是车辆后方，汽车销售顾问应陪着客户一起站在汽车的正后方，并进行全面介绍。站在汽车的背后，距离约 60 厘米，从行李舱开始介绍，掀开备胎和工具箱外盖进行介绍，再依次介绍高位制动灯、后风窗加热装置、后组合尾灯、尾气排放、后排座椅易拆性等。第三方位要重点介绍的车辆要点如图 5-17 所示。

- 尾灯的设计
- 存放物体的容积性
- 汽车的扰流板（尾翼）
- 越野车的离去角
- 后排座椅的易拆性
- 后风窗的刮水器
- 备胎的位置设计
- 后门开启的方便性

六方位介绍－后方介绍

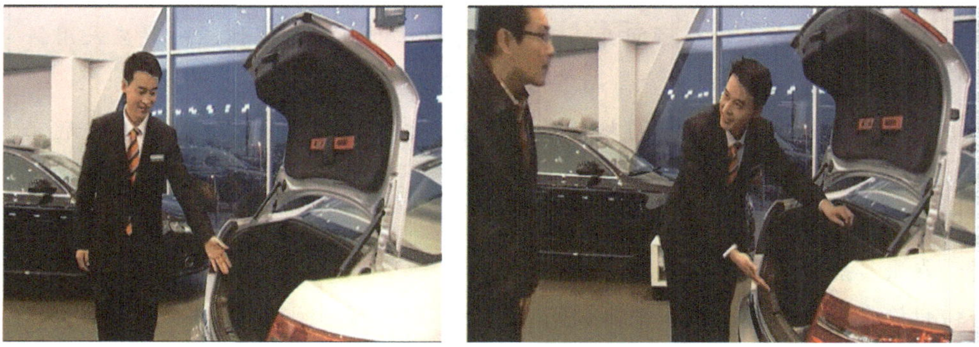

图 5-17　第三方位示意图

小提示 介绍车辆后方时汽车销售顾问要注意的事项

车辆后方是一个过渡位置，车辆的许多附加功能可以在这里予以介绍，如后排座椅的易拆性、后门开启的方便性、存放物体的容积大小、汽车的尾翼、后风窗的刮水器、备用轮胎的位置设计、尾灯的独特造型等，让客户进一步认识车辆的配置。客户刚刚走过车辆侧面的时候可能过于关注性能而忽略了一些问题，这时汽车销售顾问可以征求客户的意见，给客户进行全面的介绍，回答客户提出的问题。

话术

汽车销售顾问：下面我们来看一下车辆的后部。车的后部具有整体动感和开阔感，硬朗飞棱式 LED 尾灯的晶莹璀璨，与后侧车身、行李舱盖、保险杠和谐统一，使车型更显稳重尊贵，大大提升了整车的品质。L 形 LED 灯组与尾灯外轮廓造型相互呼应，加强了尾部的视觉张力。LED 灯穿透力强、节能，丰富了视觉的层次美感与安全性。让我们来看一看行李舱（打开的动作），它的容积达到了 529 升，一体式开启设计，行李舱盖的气弹簧支撑带来从容的开启方式，不占用丝毫内部空间，可以放置体积较大甚至较长的物品，无论是商务还是购物，您都可以应对自如，大大提高了行李舱的容积利用率。全新一代 ××× 巧妙地在行李舱内侧设置了自救锁，从行李舱内部也可自行解锁打开，可防止孩童玩耍无意间将自己锁闭其中，避免意外事故发生。

全新一代 ××× 继承了大众始终如一的安全品质，前、后保险杠内均配备了特制前、后防撞钢梁，使用 U 形的 2 毫米特质高强度钢板，可有效抵御前、后方的直接撞击，最大限度减小车体变形量。

4. 第四方位——乘员舱

职场实战

引导礼仪

1）在任何情况下，汽车销售顾问开、关车门的动作都应优雅得体，一般应采用斜侧身姿态，以 45° 斜侧角度面对客户，而不可背对客户。

2）客户上车时，汽车销售顾问应挡住车门上框，微笑着请客户入座，同时提醒客户“请小心”。

想一想 在乘员舱应重点介绍哪些要点？

第四方位是汽车的乘员舱，汽车销售顾问应邀请客户打开车门或为客户打开车门。在为客户介绍时，要采用蹲式服务为客户介绍乘员舱的后排空间。第四方位要重点介绍的车辆要点如图 5-18 所示。

- 座椅面料及舒适度
- 童椅固定装置
- 储物空间或遮阳板
- 后座椅拆分或折叠
- 后排隔声降噪
- 头部、腿部空间
- 独立伸缩头枕
- 后排地面

图 5-18　第四方位示意图

六方位介绍－乘员舱和驾驶舱介绍

小提示　介绍车辆乘员舱时汽车销售顾问要注意的事项

汽车销售顾问在介绍车辆时，应争取让客户参与到介绍过程中来，邀请客户开门，触摸车窗、轮胎等；引导客户到车里体验一下。如果客户本人就是未来这款车的驾驶者，应邀请客户到驾驶座位上体验一下；如果客户本人不是驾驶者，则应该邀请客户到其他座位上体验车辆优势。此时，汽车销售顾问可以回答客户的一些提问，并且根据需要引导客户到车内亲自体验。

话术

汽车销售顾问：让我们看看后排，全新一代 ××× 为后排乘员提供了贴心的尊贵商务体验，尊贵中央扶手以及中央通道后排点烟器、烟灰缸，尽享不凡气质。后排乘员可轻松控制空调，开启后排座椅电加热，调节前排乘员座椅，提升后排乘坐舒适感。后排 220V 车载电源，轻松实现乘坐过程中为笔记本电脑和手机充电。便捷的豪华后风窗电动遮阳帘，不但可以有效遮挡阳光和紫外线，而且可营造独特、温馨的私密空间。

本车还配备了全新的 ISO-FIX 儿童座椅固定装置，借助焊接在底盘上的两个锁扣，将儿童安全座椅与车体合二为一，操作便捷，提高了儿童乘坐的安全性。

5. 第五方位——驾驶舱

想一想　*在驾驶舱应重点介绍哪些要点？*

汽车销售顾问可以鼓励客户进入车内，应先行打开车门引导客户入座。介绍时应采用蹲式姿势进行讲解，经客户许可后坐在前排乘员位置向客户介绍各种操作方法，包括刮水器的操作、驾驶的操控、仪表盘的介绍。第五方位要重点介绍的车辆要点如图 5-19 所示。

• 座椅多方向调控	• 安全气囊及安全带	• 转向盘的调控
• 变速器	• 仪表盘	• 导航系统
• 空调系统	• 天窗及视野	• 储物空间
• 一键式起动	• 迎宾照明	• 音像系统

六方位介绍－驾驶舱和乘员舱介绍

图 5–19 第五方位示意图

话术

汽车销售顾问：这款车配备了极具智能化的 KESSY 无钥匙进入 / 一键起动系统，只需随身携带智能感应钥匙靠近车体（驾驶人侧、前排乘员侧车门或行李舱可分别自动感应），伸手拉动门把手即可解锁打开车门。携带智能感应钥匙进入车内，踩住制动踏板，长按起动按钮即可起动车辆。下车携带智能感应钥匙离开时，只需在关好车门后轻触驾驶人侧或前排乘员侧门把手外侧感应凹槽，全车车门自动落锁。如此领先功能尽显大众的技术实力，高智能及高安全性不仅可带来操控便利，也可让您尽情享受独特的科技魅力。

全新一代 ××× 驾驶舱前排座椅表面配置的波纹支撑具有 12 向电动调节功能，更配置有电加热及 3 组记忆功能，兼顾舒适性与支撑性的座椅设计，可以记忆 3 组完整的位置信息，不但包括驾驶人座椅位置和角度，还包括左、右外后视镜甚至倒车时右外后视镜的角度，方便不同驾驶人驾驶同一辆车。领先同级的全车座椅加热功能，驾驶人侧、前排乘员侧以及后排左、右座椅均配备独立的加热系统，并提供 3 档温度选择，驾乘人员可根据实际情况选择合适温度，享受温馨无比的驾乘感受。

这款车的空调是双温区全自动空调，左、右可设定不同的温度，后排还有出风口，温控精度可达到 0.5℃，可满足车内人员的不同需要，加上光触空气清新器和等离子发生器，能够杀菌、除异味，可始终保持车内空气清新。

宽大的双层电动天窗，有翘起与滑动两种模式，采光和通风都很好，还具有自动防夹功能，可带给您极好的开阔感和舒适感。

小提示 介绍车辆驾驶舱时汽车销售顾问要注意的事项

介绍车辆时尽可能让客户触摸到车辆，让顾客感受钢板的厚度，看一看豪华舒适的汽车内饰，摸一摸做工精致的仪表盘，感受良好的安全和操控特性以及侧面玻璃提供的开阔视野，体验一下宽敞明亮的内乘空间，客户就能将自身的需求与汽车的外在特性对接起来，再加上汽车销售人员的介绍和赞美，客户一定心神向往。

在介绍讲解过程中，应不时征求客户的意见，不断与客户进行互动，整个过程汽车销售顾问应表现出亲和力，面带微笑，提供规范、专业的服务。

6. 第六方位——发动机舱

想一想 *在发动机舱应重点介绍哪些要点？*

客户了解了汽车的外形，观看了汽车的内饰，对汽车的性能有了大致的了解，熟知了驾驶的乐趣以及操作方法，接下来汽车销售顾问应向客户介绍发动机技术等方面的内容。汽车销售顾问可引领客户站在车头前缘偏右侧，打开发动机盖，固定机盖支撑，依次向客户介绍发动机舱盖的吸能性、降噪性、发动机布置形式、防护底板、发动机技术特点、发动机信号控制系统等。第六方位要重点介绍的车辆要点如图 5-20 所示。

- 发动机舱的布局
- 综合油耗
- 节油方式
- 发动机布置形式
- 最大功率
- 环保设计
- 隔声降噪装置
- 发动机技术
- 最大转矩
- 发动机悬架减振设计
- 发动机舱盖隔声棉
- 散热设备

图 5–20 第六方位示意图

六方位介绍—发动机舱介绍

话术

汽车销售顾问： 全新一代 ××× 不仅有尊贵动感的外形，动力输出也相当出色。我们来看看发动机，全新一代 ××× 所搭载的 TSI 发动机引领着未来汽车发动机的发展方向。TSI 发动机连续 5 年荣获“世界十佳发动机”称号，其先进性和技术领先性不容置疑，代表了当今世界汽车发动机技术的尖端水平。

TSI 发动机采用创变革新的缸内直喷技术，每缸精细 6 孔喷油器的压力峰值可达 20MPa（相当于 200 个大气压），确保燃油充分雾化，尽情释放每滴燃油的极致能效。

全新一代 ××× 配备了 DSG 双离合变速器，相当于拥有两套同时工作且完美配合的变速系统，一套传递动力时，另一套已经啮合完毕做好换档准备。换档间隔甚至小于 0.2 秒，轻松巧致，带来敏锐非凡且极其顺畅的换档感受。油耗表现甚至优于手动变速车型。独领风骚的多档位设计能够充分利用发动机转矩输出，减少转速变化幅度，使动力输出流畅自然，换档毫无顿挫感，驾乘体验平顺舒适。

小提示 介绍车辆发动机舱时汽车销售顾问要注意的事项

介绍一辆汽车的时候，发动机的动力表现是非常重要的一个方面。大多数客户都会关注发动机。因此，汽车销售顾问应把发动机的基本参数包括发动机缸数、气缸的排列形式、气门、排量、最高输出功率、最大转矩等向客户进行详细的介绍。

由于介绍发动机的技术参数时会涉及很多专业术语，因此在打开发动机舱盖的时候，最好征求一下客户的意见，询问是否要介绍一下发动机。如果客户对汽车熟悉，会认为自己懂得比较多，因此不要说得太多。对于不懂汽车的客户，太多的技术问题会让客户困扰，言多无益，应尽可能深入浅出地进行介绍。

六方位绕车介绍法从车前方到发动机舱，刚好沿着整辆车顺时针绕了一圈，可以让汽车销售顾问把车辆的配置情况做一个详细的说明和解释。这样的介绍方法很容易让客户对车辆形成系统的了解。

多学一点

电动汽车动力性能介绍

电动汽车分为纯电动汽车（EV）、混合动力电动汽车（PHEV）、燃料电池电动汽车（FCE）等类型。市场上大多数销售前两类。

汽车销售顾问在向客户进行车辆的动力性能介绍时，主要围绕电动汽车的电驱、蓄电池、电控三大核心技术进行优势分析。

话术

× 先生 / 小姐，您好！这款 ××× 双擎 E+ 是 XX 旗下的一款紧凑型插电混合动力电动汽车。该车的动力系统由 1.8L 高效阿特金森发动机、PCU 高效控制单元、E-CVT 系统、三元锂离子蓄电池组和外接充电口组成。

该车配置了声学警示系统，低速时模拟车辆行驶声音提醒行人，可以大大降低与第三方发生危险的几率。

××× 的 1.8L 阿特金森发动机以卓越的燃油经济性和性能稳定性在业内好评如潮，利用 E-CVT 整合发电机、电动机、发动机等核心部件，使得每个部件单独工作时都可实现对蓄电池充电，大大提升了充电效率，让您使用更便捷。

×××双擎E+采用三元锂离子蓄电池，整个蓄电池组具有1200个电芯，能量密度高、重量轻，纯电动续驶里程可达55千米，基本覆盖您的日常代步范围，市区日常使用基本可看作EV车型，经济性无可比拟。

理论上满油满电总续驶里程为965千米，但由于车动即可实现充电，充电效率超高，续驶能力远超965千米，甚至比HEV车型更经济，且续航能力更强，经济性让常规动力车型更是望而兴叹；蓄电池温度管理系统可使蓄电池时刻处于最佳能效，适应各地的使用环境；蓄电池电量管理系统实时监测蓄电池状况，及时充电和断电，可避免过充和过放造成的蓄电池衰减，延长蓄电池的使用寿命。

职场实战

汽车销售顾问在六方位介绍过程中应把控的内容

1）介绍时一定要专业，体现经销商的规范。

2）介绍时应具有亲和力及真诚感。

3）不断征求客户的意见，与客户要有互动，突出汽车产品的亮点。

4）让客户尽可能触摸到产品。

5）对客户要赞美，特别是遇到懂车的客户。

6）要有控制讲解进程及客户的能力。

三、车辆介绍应用方法

多学一点

冲击式（FBI）车辆介绍法

冲击式车辆介绍法（FBI，F–Feature配备、特征；B–Benefit利益；I–Impact冲击）可通过介绍汽车产品的配备和车辆特性能给客户带来的自身利益，加强客户对产品的信心。冲击式车辆介绍法是进行产品展示与说明的最有效的方法之一。首先，说明车辆的卖点、特色、配置等销售车辆的独特设计、配置、性能特征，也可以是材料、颜色、规格等可以观察到的事实状况（Feature）；其次，将这些事实加以解释、说明，并辅以点评，阐述车辆的特性及可以带给客户的利益（Benefit）；对于车辆本身拥有的事实状况或特征，不管汽车销售顾问如何说明，都很难激起客户的购买欲；最后，一定要给客户以观念上的冲击（Impact），进而使客户产生购买动机。

如何激发客户的需求，使客户由认知、情感阶段转而进入行为阶段？冲击式车辆介绍方法可以较好地解决这一问题。在具体运用中汽车销售顾问可以运用讲故事、做示范、设场景、列数字等方式，生动、形象、具体地将汽车产品的配置和特性介绍给客户，并让客户在听、看、触摸过程中体验到利益的冲击，使客户产生对汽车产品的购买欲望。

小提示 针对客户需求点介绍

通过咨询确认客户需求后，针对意向车型从客户最关心的部分与配备开始进行产品介绍，介绍要点应结合客户用车生活。

总结客户关注产品的特点和客户利益，列出最重要的3项；确认车型和配置是否匹配客户需求；通过五大步骤：设定标准、烘托、客户利益、感受、专业解释来进行介绍。

1. 设置场景讲解法

当人们听到或看到某件事情的时候，往往会在潜意识里为这件事构造出一种场景，然后根据场景做出判断。在汽车产品销售过程中，汽车销售顾问可以利用这种场景的效果，达到有效刺激客户购买欲望的目的。

采用设置场景讲解法的好处是可以给客户留下深刻印象，增强客户在汽车销售活动中的参与感，能够让客户更加容易明白汽车的相关配置的原理和利益点，吸引客户对汽车产品的注意力。

小提示 设置场景讲解法应用的重点

汽车销售顾问根据所销售的产品，提炼出一个销售主题，然后为这个主题构建一个应用的场景，最后将主题与场景搭配，连缀而成一个故事。通过这种方法，为客户构造出一幅完美的图画，激起客户对这副美满图画的向往，从而达到使客户接受经销商的产品介绍并购买汽车产品的目的。

话术

汽车销售顾问：我们这款车具有行李舱智能感应开启功能，试想在一个风雨交加的天气，您从超市采购出来，一手撑着伞，一手提着很多东西，您要把东西放到行李舱里。有了我们的行李舱智能感应开启功能，只要钥匙放在衣袋内，伸出脚在行李舱下轻轻一扫就可以打开行李舱，既安全又便利，您想想该多惬意！

2. 道具演示法

为了让解说更加逼真、生动，汽车销售顾问有时候可以利用一些道具来达到锦上添花的效果。应用道具演示法进行产品解说，有以下几个注意事项：

1）道具不一定要大，它可以是一把尺子、一支笔、一张名片，最主要的是通过道具演示来唤起客户的想象力，引起客户的共鸣。例如在讲到整体车门与车身密封性很好时，可以用一张名片放在车门与车身之间，关上车门，向客户展示夹在中间的名片不容易被抽出，以显示车身良好的密封性。

2）在进行车辆介绍过程中，语言、手势动作与道具的应用要配合协调，表情要自然。

3）道具演示法主要是在客户无法确实体会汽车产品特色的情况下应用，汽车销售顾问要根据所销售汽车产品的特点，决定是否采用道具演示法，或应用什么样的演示道具。

话术

汽车销售顾问： ××轿车采用了先进的发动机技术。(F-配备)

汽车销售顾问： ××轿车会比同类家庭轿车更省油。(B-利益)

汽车销售顾问： 10年下来您能节省近3万元的油费。(I-冲击)

小提示 利用助销工具

利用助销工具（如Pad等电子化演示工具、展厅设施及布置物、销售工具包、经销商品牌公众号、销售服务商官微等）进行产品说明，包括增值业务、附件、竞品比较等，强化产品的优势，引导客户的需求。

步骤三 竞品对比及异议处理

一、竞争车型

竞争车型是指不同厂商的生产规模接近、销售价格相近、产品配置相当和目标客户相同的车型。

介绍展车过程中，客户常常会提到竞争企业的车辆来跟汽车销售顾问介绍的车辆进行比较，客户货比三家是正常的。作为一名汽车销售顾问必须充分了解自己所销售的车辆，进行合理的对比，从而突出所售车辆的优点，促成销售。

职场实战

ACE竞品分析法

在汽车销售过程中，汽车销售顾问面对客户提出的竞品问题常采用ACE竞品分析法。

A——认可。认可客户的观点，汽车销售顾问对客户提出的合理观点表示认同，承认竞争品牌或车型所具有的优点。例如，当客户指出自己认为某款车空间较大时，你可以给予认同说："在这一级别的车型中，×× 车的空间确实比较大。"

C——比较。首先从客户利益出发，进行有利于经销商产品的相互比较，可以从汽车产品本身（配置、规格等）、厂商（支持、声誉、历史等）、经销商（声誉、经营历史、服务项目、服务便利性等）、相关产品与服务（质保期、营业时间等）、汽车销售顾问（经验、培训认证等）等方面进行比较。然后根据客户需求，针对竞争车型，找出自己所销售车型的优势。可以用数据、事实进行对比。例如，×× 车的轴距是 2780 毫米，而我们这款车的轴距是 2803 毫米，您看我们这款车空间是不是更大些。

E——提升。汽车销售顾问应在对自己产品与竞争产品进行比较的基础上，进行深入的讲解，着重突出所售车型的竞争优势。

想一想 竞品应对的基本原则有哪些？

（1）掌握产品的诉求重点 汽车销售顾问要能够有效地说服客户，除了必须具备完备的产品知识外，还要能够明确地说明自己产品与竞争产品的诉求点。有效、明确的诉求重点获取来自于平时对各项汽车产品信息的收集整理和与客户的多次接触。

（2）掌握产品的竞争差异 基于一个基本的市场原则（即市场竞争的存在性），汽车销售顾问可以将同类产品进行比较性分析，从而找出自身产品的优点与不利因素，在产品展示介绍过程中做到趋利避害。

（3）扬长避短 在进行产品展示介绍时，汽车销售顾问切忌对本产品的缺点做过多的解释，否则就会越描越黑。采取摆事实、讲道理的方法，针对客户的需求，突出产品的优势，回避产品的不足，以优点弥补缺憾，才会收到令人满意的销售效果。

（4）不贬低竞争车型 当客户提到竞争车型时，汽车销售顾问不要随便贬低竞争车型，特别是在竞争车型的市场份额或销售不错的时候。每款车型都会有其独有特性，都会针对不同细分市场而生产，贬低竞争车型只能说明汽车销售顾问对市场状况掌握不够，不了解不同车型的特性，只会让客户觉得你不可信赖。一说到竞争车型就说不好，客户会认为你心虚或品德有问题。从某种意义上来说，贬低竞争车型就等于贬低自己。

（5）运用客户听得懂的语言与之交流 汽车销售顾问在进行产品展示时，一定要掌握这样一个原则：必须运用客户能够听得懂的语言。汽车中的一些专业术语、行话一定要用通俗易懂的语言表达清楚，千万不要故弄玄虚，让客户不知所云。

话术

汽车销售顾问： 刚才我们对全新 ××× 进行了了解，您还有什么问题吗？

客户： 挺好的，不过听朋友们说 ×××× 车不错。

汽车销售顾问： 噢，×××× 也是款不错的车，请问您去看过吗？（认可）

客户：去看过，感觉外观和空间还可以，内饰做工也很讲究，还很省油。

汽车销售顾问：是呀，×××× 与我们的全新 ××× 相比各有特点，内饰做工和省油是日系车的特点，但是您看我们的全新 ××× 也是内外兼修。您看我们的内饰，不论是拉丝装饰、布纹内饰还是镀铬内饰都很有品位；您看刚才给您介绍的 TSI 发动机和 DSG 变速器这对黄金组合不仅能提供强大的动力、完美的操控，在经济性方面也有很好的表现，90 公里才耗油 5.3 升。据我了解，×××× 的油耗比我们全新 ××× 的车要高，是 5.7 升（比较），所以我们的全新 ××× 绝对是全能选手。（提升）

多学一点

电动汽车的竞品分析

在购买电动汽车时多数消费者关注的是蓄电池和电机的对比。汽车销售顾问应清楚电动汽车在销售过程中可以向客户介绍的卖点和配置。

话术

汽车销售顾问：闪电 × 采用 ORA PILOT3.0 系统，前、后双电机智能电四驱车型，是 ×× 汽车 ×× 品牌推出的首款超流线纯电轿跑车，这款车内外兼修，不仅有媲美超豪华跑车的外观和内饰，性能也非常优越，百公里加速 4.3s，同级电动汽车智能化最全面。

您关注的 ××× 的 × 豹确实不错，他采用的是 690 芯片，而咱们这款闪电 × 采用的是 8155 芯片，是目前最先进的车机芯片，领先 × 豹 2 代；闪电 × 用的蜂巢短刀电池，比 ××× 的 × 豹的刀片电池更短、更易散热，更安全。××× 用的是车身蓄电池融合技术，没有独立的蓄电池包。后期如果蓄电池有问题，需要把底盘整个拆掉才能维修，维修价格是整车的 2~3 倍。闪电 × 是独立蓄电池包，后期维修、维护简单，费用更低。您看咱们这款车是不是更安全、更智能、更实用?

二、异议处理

客户异议就是客户对经销商或经销商的产品、服务、质量以及汽车产品的价格等方面提出质疑或不同见解。汽车销售顾问在介绍汽车产品过程中，不可避免地会遇到各种各样的异议，可能来自于客户对产品和品牌的不了解，也可能是对汽车销售顾问的不信任，还可能是对汽车产品的价格、质量存在异议。面对客户提出的异议，汽车销售顾问一定要做出正确的识别，判断客户异议的真实性，选择恰当的方式进行处理，将客户的异议转化为客户的认同。

1. 客户异议的类型

客户在销售过程中提出的异议，可按照是否是客户真实的想法分成真实异议和虚假异议两种。

（1）真实异议 客户因对汽车产品、服务、价格不满意或有偏见、误会等产生的异议，是客观存在的，是客户想法的真实体现。应正确对待客户的这类异议，针对客户异议的表现，分析客户产生异议的原因并采取正确的解决措施。客户异议的主要表现、产生异议的原因及解决措施见表 5-1。

表 5-1 客户异议

主要表现	产生异议的原因	解决措施
汽车产品需求异议	1）从新闻媒体、社会传闻得到的相关负面信息或竞争对手刻意的贬低 2）没有理解产品性能	1）澄清错误，说明真相 2）通俗易懂地介绍产品，突显产品优势
服务异议	1）汽车公司或品牌知名度不高 2）对汽车销售顾问的仪容仪表或服务不满意	1）准确介绍品牌的定位及公司的服务理念 2）规范仪容仪表，按标准流程进行规范服务
汽车产品异议	1）质量太差、设计陈旧、型号不对 2）结构不合理、造型没特色	1）为客户介绍特色 2）介绍产品设计理念
售后服务异议	1）客户担心售后服务不到位，服务质量有问题 2）客户担心售后服务点不够多，维修不方便	1）让客户参观售后服务现场，看到售后服务的规范 2）通过介绍经销商的服务特色项目和服务规范让客户满意
购买时间异议	提车时间太长或交车时间不合适	与各部门进行沟通，尽可能满足客户的要求

（2）虚假异议 客户用借口、敷衍的方式提出的不是自己真实想法的问题或提出的一些过高要求的异议均为虚假异议。作为汽车销售顾问要从客户的异议中获得更多的客户隐性信息，一定要找到这些虚假异议背后客户真实的想法（见表 5-2），判断客户所提是否是虚假异议，正确认识并妥善处理客户提出的异议。汽车销售顾问可以适当调整销售策略，及时加深客户对产品的认知，尽可能满足客户的需求。

表 5-2 客户异议的隐含信息

客户异议	隐含信息
我只是随便看看，没打算买车	说服客户购买是正确的选择
这款车不错，就是价格太高了	介绍性能，并证明这款车物有所值
这款车看上去挺好，就是不适合我这个年龄	介绍优势，证明适合客户的年龄
从来没有听过这个品牌	证明这个品牌值得信赖
这款车倒挺满意，就是烧机油	从技术和数据上证明这种现象不存在
油耗没问题，但安全性有问题	从技术上证明车辆的安全性

2. 客户异议的处理

汽车销售顾问能正确有效处理客户异议是达成交易的关键，无论客户的异议是真实的还是虚假的，汽车销售顾问都应采用正确的态度和恰当的方法处理客户的异议。

（1）倾听客户异议 对于客户的异议，无论是真是假，汽车销售顾问都应仔细倾听，表现出一种欢迎的态度，不应打断客户的异议，以表示对客户的尊重。因为只有让客户公开自己的异议，汽车销售顾问才有可能了解客户的内心想法，从而转变客户的态度，采用适当的销售策略建立双方的信任，进而消除客户的异议，促进销售。

异议处理经验交流 1

（2）分析客户异议 汽车销售顾问应认真倾听客户的异议，分析哪些异议是客户的真实想法，哪些是客户的借口，并不是客户真实意图。当客户提出异议时，要保持沉着、镇定，认真、仔细听完客户所说的细节，借助自己的知识和经验对客户的异议进行深入考察和分析，从而找出隐藏在客户异议背后的真正意图，进而采取相应的对策。

异议处理经验交流 2

（3）处理客户异议

1）做好心理准备。汽车产品属于大件产品，客户在购买过程中提出异议是正常现象，客户提出异议说明客户对产品有兴趣，有购买的动机。汽车销售顾问面对客户的异议，既不要抱怨也不要害怕，要保持冷静，以良好的心态正确对待客户提出的异议。

异议处理案例

2）做好工作准备。汽车销售顾问要充分了解自己产品的性能、价格、经销商的销售政策，特别是要对所售汽车的亮点、使用和售后服务等内容了如指掌。同时，要了解汽车市场动态，掌握同类竞品车型的优劣势及供求趋势。

3）灵活应对客户异议。由于汽车产品的独特性，客户描述的问题可能不是很准确，汽车销售顾问可向客户重述其提出的异议，要让客户感到你在关注他所提到的问题并已经理解，这样会缩短与客户之间的心理距离，找出客户异议的真实来源和动机，最后提出相关的证据。

客户异议处理评价表

汽车销售顾问在回答客户问题时要从容，依据公司、经销商所具有的大量相关资料和对客户异议的真实了解，帮助客户消除异议。

话术

客户： 我觉是这款车的行李舱容量不够大！

汽车销售顾问： 您认为我们这款车行李舱容量不够大是因为……

客户： 因为我平时……（说明）

汽车销售顾问： 如果我没有理解错，您是担心我们这款车的行李舱容量不够大（复述）。我理解您的担心，尽管我们这款车的行李舱空间看起来稍小一些，但与其他车型相比，它的空间利用率更高，让我来演示一下可折叠的后排座椅。（解决）

多学一点

电动汽车的买家会有哪些异议

购买电动汽车时多数消费者会提到关于蓄电池续驶里程及蓄电池使用和维护方面的问题，比如：

存在过度充电的情况吗？过度充电会不会影响蓄电池的使用寿命？

车辆是否每天都需要充电？

频繁充电会不会对蓄电池功能有影响？

整晚充电会不会导致电线发热起火？

雨天行驶，可以肆无忌惮吗？

快充口在前格栅，如果发生追尾，是否有安全问题？

环境温度对于车辆续驶里程是否有影响？

为什么冬季车辆续驶里程有一定的下降？

在冬季使用车辆应注意什么？

经常堵车，会不会影响续驶里程？

开空调或暖风会影响续驶里程吗？大概多少公里？

用车时要完全放空电吗？车辆长期不使用时蓄电池怎么维护？

汽车销售顾问一定要专业、准确地解决客户的异议，让客户安心购车。

话术

汽车销售顾问：从蓄电池角度讲，过度充电会影响蓄电池的使用寿命。××电动汽车蓄电池配备了过充电多重保护，正常使用过程中充满电后会自动切断，不会产生过度充电。

车辆不要求每天一定要充电，正常使用中在蓄电池电量低时充电即可，但当长期停放不使用时要定期充放电进行蓄电池维护，这样做有利于保持电池使用寿命，这个只要参照车辆使用手册的说明维护即可。

您说的雨天行驶的问题，很多客户也问到了，依涉水深度判断，我们的××已达到××级防水性能，即电动汽车泡在水里30min以内是不会有影响的。若电动汽车涉水行驶：经过积水路面时深度应不大于30cm、车速不超过10km/h，同时关注仪表是否有报警信号。谨慎驾驶，确保安全。如果涉水车辆报绝缘故障，应立即停车检修。

职场实战

CPR异议解决法

解决客户异议是一项非常具有挑战性的工作，CPR异议解决法是经实践证明行之有效的解决方法，它可以把一个异议变成一个销售机会。

C——澄清

汽车销售顾问应明确客户提出的异议是什么，确定客户产生异议的根源。例如，“您好，请问您是从哪里得到的消息说我们这款车烧机油的，您也这样认为吗?”

P——复述

完全理解客户的异议后，用自己的话复述客户的异议，使客户重新评估自己的异议，进行修改或确认。例如，“您是听朋友说咱们这款车烧机油对吧，您也只是听说，并没有实际验证过，对吧?”

R——解决

通过上述两步可以捕捉到客户更多信息。此时，可将强有力的事实摆到客户面前，有效地解决问题。例如，“您说我们这款车烧机油，烧机油在车辆上的故障表现为冒蓝烟，而我们这款车不冒蓝烟，这就说明我们这款车不烧机油。车辆是不是烧机油，在国家汽车行业中是有判断标准的，我们这款车装载涡轮增压发动机，虽机油消耗偏高，但在正常范围内。您看我这样给您解释您还满意吗? 是不是我们再试乘试驾一下，您自己验证一下?”

职场实战

汽车直播销售

在特殊情况下，客户到4S店意愿较低，销售顾问可通过微信、直播等线上形式与客户进行沟通，完成看车、选车、订车的步骤，实现主动的销售。直播销售可通过主播热情的讲解将品牌和车辆的信息更快、更广地传达给消费者，直播看车省时省力，互动高效。汽车销售人员要更好地服务消费者，必须更新理念，不断学习。

直播内容的常见呈现形式如图5-21所示。

1.静态展示	包括车辆的外观展示、功能配置的介绍等，尽量使用通俗易懂的语言进行介绍，避免观众们觉得晦涩难懂，从而退出直播间。
2.动态展示	车辆试驾直播、外出探练等，务必以搭档形式进行：一位负责驾驶车辆，一位负责使用云台操作直播设备以及讲解。
3.竞品对比	通过竞品对比展示车辆的亮点和趣味，提高观众们的观赏度，拉近与观众们之间的心理距离。
4.品牌文化	以讲故事的形式将车型文化、品牌文化、企业文化传播给观众们，有较高的传播能力。

图5-21　直播内容的常见呈现形式

直播销售的要领有以下几个：

1）把握好开播的前半小时。直播开播后的前30分钟是直播的黄金时间，在黄金时间内流入更多的观众，能够有效地提升观看人数和平均观看时长，后续能获得的粉丝和流资也会相对应地增加。

2）内容不够表情来凑，直播运营内容准备得不够丰富时，可以适当增加肢体语言或者表情语言。例如主播的才艺小表演或者讲述内容时面带笑容，可以有效地调动观众们的关注度，避免直播间的尴尬、冷场。

3）直播设备移动动作缓慢而稳定，避免过于晃动的镜头让观众们产生眩晕、反感。

直播销售的进程如图 5-22 所示。

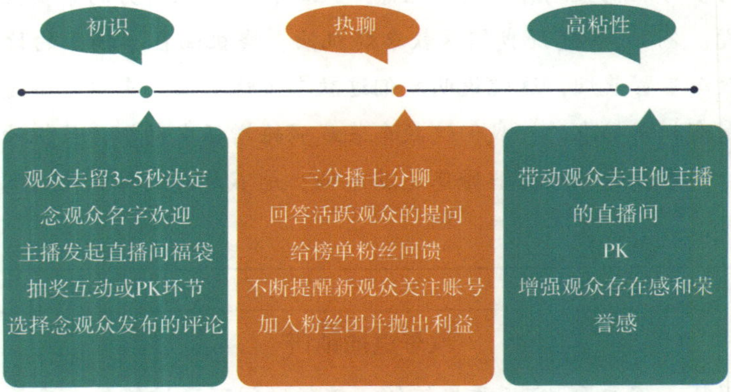

图 5-22 直播销售的进程

如何通过一些小技巧让粉丝数量增长得更快、更稳定，我们可以参考以下小技巧：

1）提供粉丝到店福利。关注主播的粉丝到店享受专属的到店福利。

2）提供粉丝团等级福利。在粉丝团中将粉丝的活跃度或者直播参与度进行统计，分成不同的等级发放不同的福利，提高粉丝的活跃度和黏度。

3）开通粉丝专属优惠通道。给加入粉丝团的观众发放优惠代金券等。

话术

汽车销售顾问：我是今天的主播，会修车会说唱的嘻哈小哥，欢迎大家来到 ×××× 直播间。×× 和 ××× 你更喜欢哪个，喜欢 ×× 的刷波 666，喜欢 ××× 的刷波 111。

汽车销售顾问：进来的网友有开 ×× 车的回复 1，有没有想了解车型、油耗的？有没有想看防撞钢梁的？下期直播时间是 ××，加主播关注，下次直播不迷路。

汽车销售顾问：我们今天为大家准备了 × 次抽奖机会，会在直播过半和结束前抽奖，我们会从关注的粉丝中抽取一名送上礼物，大家可以先点点关注。现在是我们的抽奖时间，大家没点关注的记得先点关注。

步骤四　试乘试驾邀约

汽车销售顾问应针对客户需求总结客户关注产品的特点和客户利益，强调汽车产品的动态特性，邀请客户参与试乘试驾。汽车销售顾问可利用展厅布置，如试乘试驾预约看板、试乘试驾路线图、试乘试驾车辆等，提升客户参与试乘试驾的意愿。

话术

汽车销售顾问：蔡先生，我们的 ×× 车绝对是一款适合您的好车，在外观、空间、操控等方面都能满足您的要求。不过，光看是不能深入了解 ×× 车的全部特性的，必须试一下才能真正体会。您看，今天来也来了，不如亲身体验一下，耽误不了您太长时间，而且我们的试乘试驾体验经过专门的设计规划，可以让您真正感受 ×× 的特色。

若客户当场无法进行试乘试驾，则留下客户信息，安排预约客户试乘试驾，在“试乘试驾预约看板”上做好记录，如图 5-23 所示。

试乘试驾预约看板

上海大众______经销商				______年____月____日　星期（　　）	
预约时间	再确认	车型	路线	客户	销售顾问
8:30—9:00		朗逸	展厅→ A →展厅	李先生	刘 ×
9:10—9:40		途观	展厅→ B →展厅	赵先生	李 ×

图 5-23　试乘试驾预约看板

话术

客户：抱歉，今天还安排了其他事情，没有时间试驾了。

汽车销售顾问：那好，请留下您的联系方式，我们店最近还会有试乘试驾活动，可能还会有优惠，到时我会及时通知您，您看可以吗？

客户：好的，我的手机号码是 ×××××××××××。

知识巩固

1. 请对应 6 个位置（图 5-24），将适合介绍的内容填写到相应的位置。

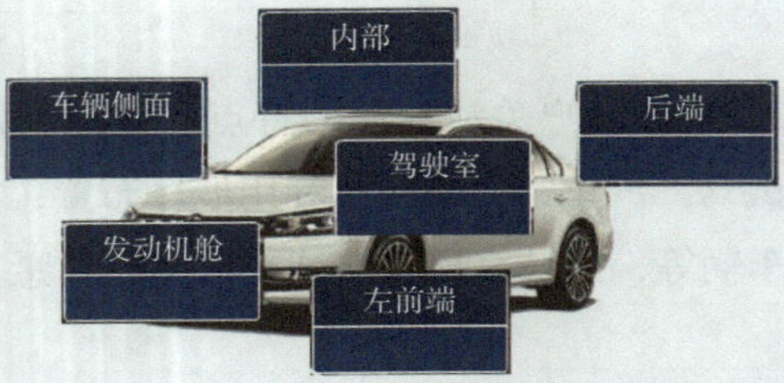

品牌、外观

发动机性能

安全性

舒适性、空间

便利性

操控性

图 5-24　匹配题

2. 汽车销售顾问在引导客户时，应走在客户（　　），若是熟悉的客户可以（　　）行进。

A. 后方　前方　　B. 后方　并肩　　C. 前方　并肩　　D. 并肩　并肩

3. 汽车销售顾问在引导客户时，步调要适应客人的速度，如果遇到拐弯须（　　）。

A. 先自行绕过拐弯处，然后等待客户

B. 稍等一下，待客户走至转角处再向前引导

C. 等待客户走过去，再跟过去

D. 跟客户一起走过去

4. 汽车销售顾问在任何情况下，开、关车门的动作都应优雅得体，一般应采用（　　）。

A. 斜侧身姿态，以 45° 斜侧角度面对客户，而不可背对客人

B. 先行上去开门，让客户在身后等待

C. 快步走上前，拉开车门，正面面对客户请客户上车

D. 让客户自己去开门

5. 汽车销售顾问在客户提出竞争车型问题时，常采用的方法是（　　）。

A. ACE 竞品分析法　　B. CPR 异议解决法

C. 六方位介绍法　　D. FBI 车辆介绍法

6. 汽车销售顾问如果接待两位以上的客户，在绕车介绍时，应注意哪些问题？

7. 图 5-25 所示为汽车后排座椅的 6/4 分离功能，作为汽车销售顾问该如何利用 FBI 车辆介绍法介绍产品的该功能？

8. 选一款汽车产品，进行六方位绕车介绍练习。

图 5-25　汽车后排座椅

任务二　试 乘 试 驾

任务目标

通过本任务的学习，应达到以下目标：

1）能够做好试乘试驾前的准备工作。

2）明确各阶段试乘试驾的标准行为和要点。

3）明确试乘试驾过程中各种车况与路况下的演示重点。

任务内容

汽车销售顾问李晓针对蔡先生和蔡太太的需求进行了汽车的六方位绕车介绍，在解决了蔡先生和蔡太太提出的竞品问题及异议后热情邀约二位进行试乘试驾。在蔡先生和蔡太太接受邀约后，汽车销售顾问李晓应怎样完成试乘试驾服务？

任务实施

想一想　试乘试驾的目的及意义是什么？

试乘试驾是汽车产品推介中的动态介绍法，让汽车自己“说话”，是体验式营销的最佳形式。

1. 加深产品体验

针对客户需求和购买动机，通过试乘试驾将汽车产品的性能、优点、特色展示出来，当前互联网渠道可以提供配置、价格等信息，但难以让消费者对车辆有实际的体会，因此试乘试驾成为吸引客户到店和体现服务差异化的重要工作，通过客户亲自驾驶或乘坐，使其对产品有直观的了解和切身的感受，充分激发客户的触觉、视觉、嗅觉、听觉等各种感觉，给客户关于车辆最直接、全面的感观冲击和真实的细节体验。

2. 有利于品牌宣传

对于意向客户而言，一次有效的试乘试驾将会使客户正确认识产品，认可品牌品质。

3. 提升客户满意度

试乘试驾的整个过程经过精心设计和细心引导，客户体验后会对车辆有一个良好的印象和感受，有效提升客户的满意度。

4. 促进销售提升

通过试乘试驾获取目标客户线索和对车辆的关注重点，并有针对性地进行引导或跟踪，能有效促进销售的达成，是销售促进的有效手段。

步骤一 试乘试驾准备

一、试乘试驾车辆的准备

1）汽车销售顾问应选择一辆完全符合客户需求的试乘试驾车辆，如果没有完全符合客户需求的试乘试驾车辆，可以选择一款与客户的要求与期望相近的车辆。

2）试乘试驾车辆应统一摆放在专属区域，排列整齐，车头向外，方便出行。

3）试乘试驾专员应使车辆保持最佳状况，车辆加贴试乘试驾标志，音响、空调、时钟等准备妥当。确保车内整洁，温度适宜（10~28℃）。为了更好地为客户提供服务，可以事先在车内准备好饮料。

4）保证试乘试驾车辆燃油箱中燃油充足，至少 1/2 箱。

5）车内放置好车辆的行驶证、纸巾及与车型相配的脚垫。

二、试乘试驾路线准备

1）按车型特色与驾驶用途，规划至少两条安全的试乘试驾路线并制成展厅展示路线图，如图 5-24 所示。将路线图摆放在展厅合适的位置。

2）试乘试驾路线应选择在车流量少、日常没有堵车现象的路段。

3）应在安全地点设置换手点。

4）试乘试驾路线应包括试乘试驾演示、体验所需的各种类型路段，包括起步、直线加速、急加速、过弯、制动等各种路况。

图 5-26 所示为某经销商设计的试乘试驾路线图。

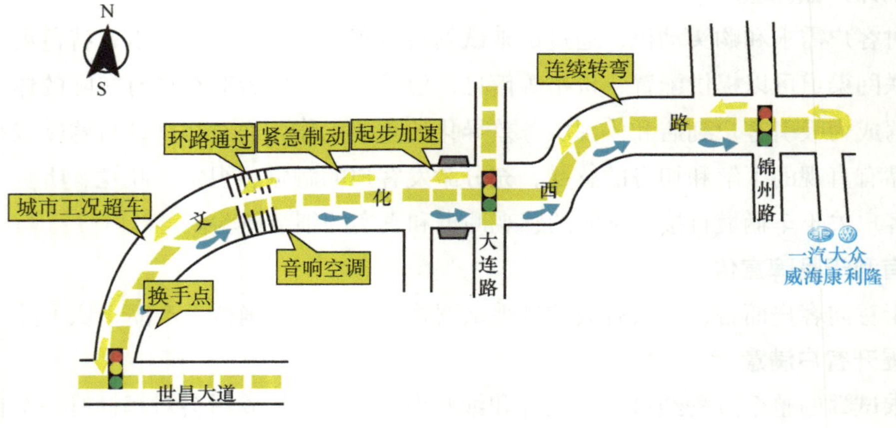

a）试乘路线 1

图 5-26 某经销商设计的试乘试驾路线图

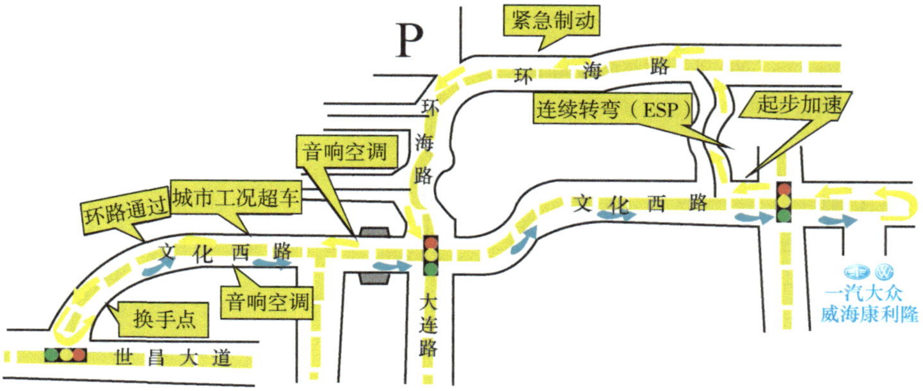

b）试乘路线 2

图 5–26　某经销商设计的试乘试驾路线图（续）

三、办理试乘试驾手续

1）汽车销售顾问简要而明确地介绍试乘试驾流程和所需时间，取得客户的认同，提示客户试乘试驾的体验重点。

话术

汽车销售顾问：“××先生（女士），为了让您能够亲身体验（感受）我们这款车的性能、操控性及舒适感，我们特别为您安排试车活动。整个试车过程大概需要 20 分钟，为了更好地熟悉车辆和试车路线，我们的试乘试驾专员会全程陪同您，我们的试乘试驾专员受过专业的培训，配合我们特定的路线设计，一定能让您充分领略这款车的特性……放心，我也会在车上陪同您进行试车的。”

2）客户必须持有国家规定的 C1、C2、B1 等机动车驾驶证，才能亲自驾驶相应的试车车辆。汽车销售顾问要请客户出示驾驶证、身份证等有效证件原件。

3）客户与汽车销售顾问同时签署“试乘试驾同意书”（表 5-3）。同意书具体内容由专营店自行编写，明确界定双方的权利和义务，以规避不应承担的经济、法律责任。

表 5–3　试乘试驾同意书

经销商名称	
试乘试驾车辆型号	
试乘试驾车辆牌照号	
试乘试驾路线	
试乘试驾时间	年　　月　　日

（续）

本人于____年____月____日在________________（地点）自愿参加上海大众特许经销商（公司名称见以上表格）举行的汽车试乘试驾活动，为此做如下陈述与声明：

本人在试乘试驾过程中，将严格遵守国家及地方有关行车驾驶及乘车的一切法律和法规要求，并服从上述特许经销商提出的一切指示，做到安全、文明驾驶，以尽最大努力和善意确保试乘试驾车辆的安全和完好。否则，对试驾过程中造成对自身和 / 或他人的人身伤亡、对上述特许经销商和 / 或上海大众和 / 或他人财产的一切损失，本人将承担全部责任。

驾驶证号：________________________________

驾驶证有效期：____________________________

联系地址：________________________________

联系电话：________________________________

试驾人签名：______________________________

日期：____________________________________

销售顾问签名：____________________________

小提示 为了保障客户的行车安全，汽车销售顾问需询问客户驾驶的实践经验，一般建议驾龄两年以上者试驾。若客户驾龄满两年，但缺乏实际经验，不建议客户试驾。

4）若客户只选择试乘，客户只需提供身份证原件，客户与汽车销售顾问同时签署“试乘试驾同意书”。对于没有驾驶证、没带驾驶证、驾驶证过期的客户，汽车销售顾问应建议客户试乘。

5）对于选择试驾的客户，汽车销售顾问应复印客户的驾驶证、身份证，向客户说明“试乘试驾车使用记录表”（表 5-4）并请客户确认。

表 5-4 试乘试驾车使用记录表

试乘试驾车辆型号： 车色：

车辆底盘号： 投入使用日期：

发动机号： 车辆牌照号：

变速器类型：

序号	试车日期	试车性质，请选择： 1. 试乘 2. 试乘试驾	试车路线	里程数起～讫	客户姓名	销售顾问	备注（购买意向等）

小提示 若到店客户带着儿童，建议儿童不要参加试乘试驾，由展厅服务人员予以照顾。

6）准备好“试乘试驾反馈表”，以备试乘试驾后客户填写。确认客户没有疑问或其他特别需求，了解是否有其他人员参与试乘试驾，强调安全驾驶注意事项。

想一想 试乘试驾车被占用时如何处理？

若试乘试驾车辆正在被其他客户使用，汽车销售顾问应请客户在展厅稍等，并提供茶水饮料或杂志等供客户休息和消遣。

话术

汽车销售顾问：“× × 先生 / 女士，很抱歉，您喜欢的 × × 车，另一个客户也很喜欢，他这时正在试乘试驾中，不过很快就回来了，您先休息一下，我们再看看产品彩页或刊载我们这款车的杂志，可以吗？要不要再来杯饮料？”

若试乘试驾车辆为市场活动等所用，当场不能提供试乘试驾，汽车销售顾问应为客户安排试乘试驾预约，邀请客户在方便的时候来店进行试乘试驾并确定大概时间。

话术

汽车销售顾问：“× × 先生 / 女士，很抱歉，今天我们这款车的试乘试驾车被市场部安排试乘试驾活动了，因此今天没有办法为您安排试乘试驾，希望您能谅解。如果可以，我们可以帮您联系市场部到我们的活动现场参与试乘试驾；或者我们重新约一个您方便的时间，来我们公司试乘试驾，您看这样安排可以吗？”

步骤二 试乘试驾

一、试乘试驾开始

汽车销售顾问引领客户到试乘试驾车前，根据客户需求，简要介绍客户感兴趣的功能和配置，补充展厅静态展示内容，向客户说明车辆装备属性，区分原车装备和原车附件，避免不必要的误解。客户上车前，汽车销售顾问可向客户示范操作高灵敏度的遥控式安全中控门锁，将车门解锁并将车门车窗和天窗降下和打开，展示其活动自如。

请客户入座前排乘员座，汽车销售顾问按照标准的服务礼仪协助客户调整座椅，确认客户乘坐舒适。若有多位客户参与，则安排其他人员坐在车辆后排座位。试乘试驾专员调整座椅、转向盘、后视镜到合适位置并适时向客户简要介绍车辆的主要操作功能，试乘试驾专员要引导客户熟悉车辆的基本操作，提醒并确认客户系上安全带。

❖话术

汽车销售顾问：这是我们 ×× 型号的 ×× 排量的车，我们这款车的驾驶人和前排乘员座椅都是电动调节座椅，调节按钮在您的右（左）手边，您看我这样调节位置您感觉可以吗？

二、客户试乘

在客户试乘时，汽车销售顾问应保持"安全第一"的意识，确保车上人员系好安全带，试乘试驾专员应遵守安全驾驶规章制度。在客户试乘过程中，试乘试驾专员示范驾驶，根据路线的不同路况特性进行重点的动态说明和演示，见表 5-5。在进行特定的动态演示和体验项目之前提醒客户关注重点，同时征询客户的体验感受。若试乘试驾车装有附件产品，应根据客户兴趣适时进行指示并做简要说明。

表 5-5 试乘体验重点示例

路况特性	体验重点	话术示例
市区路况	起步、加速、前中段动力性、灵活性、市区变换车道	现在起动发动机，您听发动机怠速的声音很小，不仅是发动机技术很成熟，而且发动机舱的隔声、整车的密封效果也很好，有几次其他客户还以为发动机没起动呢。现在我们要起步了，您可以感受一下起步时车辆的平顺性
快速路	0~100km/h 加速性能、紧急制动，制动性能	前面是一条直路，车辆比较少，路况较好，我们来试一试直线加速，请您坐好了……××× 车的动力系统经过全新匹配与调校，动力强劲，推背感很强；百公里加速仅需要 8.5s
高速路	中高速巡航能力、超车、风噪、隔声	现在是 120km/h 的速度，想要超车时，踩下加速踏板还会有源源不断的动力，现在转向盘手感重了，车辆丝毫没有发飘的感觉
爬坡路	负重、发动机转矩、操控性	前面是一小段坡路，我们来感受一下 ×× 车爬坡时的动力性，是不是感觉上坡很轻松
一般弯路	转向性能、抗侧倾性能	前面有几个小弯，我们来感受一下 ×× 车全新底盘的性能，主要是转向系统和悬架系统的性能。×× 车采用了最新的拖曳臂扭力梁式后悬架，配合转向系统，转向循迹性非常好；连续过弯抗侧倾能力强，同时前、后排座椅都配有侧面腰部支撑，车辆摆动很小，乘坐非常舒适
急转弯道	转向性能、抗侧倾性能、操控性	前面要过弯了，我们进弯会减速，出弯会加速，看看动力系统与全新底盘系统的配合，您注意抓紧拉手……×× 车使用了全新的底盘，采用了加大尺寸的前通风盘，不仅转向很精准，而且侧倾很小，也没有出现侧滑和甩尾，非常稳定、安全、舒适，同时加速动力输出连贯平顺
泥泞湿滑路面	电子安全配备、抗湿滑能力	前面的路比较湿滑，我们开过去，您会感到我们的车身非常稳定，如同行驶在良好路面，这得力于我们的 ESP 车身电子稳定程序

（续）

路况特性	体验重点	话术示例
颠簸路面	舒适性、稳定性	现在的路面比较颠簸，我们来试试悬架的减振性能和乘坐的舒适性。××车的全新悬架不仅在行驶过程中转向灵敏精准、侧倾小、稳定舒适，而且悬架采用了充气式液压减振器，车身通过减速段时上下跳动比较小，乘坐也很舒适
大桥路面	风噪、稳定性	现在我们正通过大桥路面，请您感觉一下是不是很安静、很平稳
乡间小路	制动能力、换档性能、综合测试	最后，来试一下紧急制动，我会一脚将制动踏板踩到底，您注意抓好拉手……××车配备了全新 8.0 版本的 ABS+EBD 电子辅助制动系统，紧急制动时 ABS+EBD 会迅速工作，不仅方向性很好，很稳定，而且制动距离也很短。××车制动距离在同级车中最短，车速从 100km/h 降到 0 的制动距离只有 38 米；座椅都经过防滑处理，不仅人的前冲比较小，还不会向下潜滑，非常安全

三、试乘试驾换手

1）依据试乘试驾路线设定，在规定地点停车换手。试乘试驾专员停车后熄火，取下车辆钥匙，下车后从车前方绕行至驾驶人侧。

2）汽车销售顾问适时与客户进行交流，小结客户试乘体验。试乘试驾专员邀请客户在驾驶位入座，协助客户调整座椅、转向盘、后视镜等各项配置，确认合适的驾驶位置，如图 5-27 所示。

3）试乘试驾专员在前排乘员位入座，重点说明起动、换档等操作，以及刮水器、喇叭、车灯、制动等的正确使用方法。确认客户熟悉操作后，提醒客户驾驶中确保安全，注意道路上的标识，不要超速，将试乘试驾车辆钥匙交给客户，如图 5-28 所示。试乘试驾专员应指导客户起动车辆。试乘试驾车辆上准备不同种类的音乐光盘或 U 盘供客户选择，介绍并演示车辆的影音娱乐系统及其功能。

图 5-27 协助客户入座驾驶座

图 5-28 操作介绍及交接钥匙

话术

汽车销售顾问：接下来，您将亲自驾驶我们的车辆，虽然这是一辆注重操控性的好车，但是为了保证您的安全，建议您注意控制车速，遵守交通法规，我会针对路线给您必要的提示。我来帮您调整一下座椅、转向盘和后视镜。一款注重操控性能的车，舒适、正确的驾驶姿势很重要。您看这样合适吗？

四、客户试驾

客户试驾前，试乘试驾专员应再次提醒客户安全注意事项，确保每人都系上安全带，提醒客户如果有违章和危险驾驶行为则中止试驾活动。在客户试驾时，让客户自己体验车辆性能，让客户自由体验试驾乐趣，汽车销售顾问或试乘试驾专员只需简要提醒体验重点和路线，提醒客户体验起步的平顺性、匀速静音效果、加速与制动、过弯稳定性、颠簸路面的减振性、换档的平顺性等，见表 5-6。仔细倾听客户的谈话，及时回应客户的问题，观察客户的驾驶方式，发掘更多的客户需求。在客户试驾过程中可以简要介绍车辆的性能和优势。针对在不同路况下车辆体现出的不同方面的优势，引导客户认同产品，为客户创造轻松的试驾环境。

表 5-6 试驾介绍重点及话术

引导重点	话术示例
赞美客户	您开得真不错，大部分客户在试驾时因为不熟悉车辆都会有些生疏，您开着就像自己的车一样，看来这款车真的很适合您
起步	这辆车配备了最新的助力转向，您看起步转向是不是很轻松，方向感很清晰
直线行驶	您觉得在直线行驶时，发动机是不是运转很平稳，降噪效果还不错
加速	您加速时，是不是感到明显的推背感
转弯	您在转弯时，是不是感觉不到车的侧倾，整个底盘很扎实
颠簸路面	接下来是颠簸路面，您可以保持在 40km/h 的车速通过，您可以感受一下悬架和转向盘传递过来的路感
坡道	现在您挂 3 档，开始爬坡，您会感到上坡非常轻松

小提示 若客户有违章或危险驾驶动作，应及时终止客户试驾，礼貌地向客户解释安全驾驶的重要性。

步骤三 试乘试驾反馈

试乘试驾结束后，汽车销售顾问要进行试乘试驾反馈，主要目的是提升试乘试驾对销售成交的促进效率。客户结束试乘试驾时，试乘试驾专员应引导客户将车停放于试乘试驾车停放区域。试乘试驾专员应先下车，主动为客户打开车门，提醒客户带好随身物品；如果客户驾车娴熟，汽车销售顾问可适当赞美客户的驾驶技术，引导客户返回展厅洽谈桌入座并根据客户需要送上饮料。汽车销售顾问要与客户交流试乘试驾感受，请客户填写“试乘试驾反馈表”（表 5-7）并签字确认。

表 5–7　试乘试驾反馈表

姓　　名		联系电话	
性　　别	□男　　□女	年　　龄	
试乘试驾车型		试乘试驾日期	

类别	体验项目	客户选择体验重点	评价结果（1~5，认可度渐高）					
			5	4	3	2	1	备注
舒适性	乘坐舒适性							
	驾驶座椅舒适性							
	音响效果							
	空调效果							
	轮胎及胎噪							
操控性	仪表配色及辨识性							
	驾驶操控性							
	转向灵活性							
	转向准确性							
	视野							
安全性	驾驶安全感							
	制动效果							
	电子安全配置							
动力性	起步加速							
	中途再加速							
其他	车门进出方便性							
	玻璃升降方便性							
	天窗							
	其他电子配备							
其他意见								

客户签字：

❖ 话术

汽车销售顾问： × × 先生 / 女士，这是试乘试驾反馈表，我们刚才就是依据这上面的项目进行了试乘试驾和车辆介绍。您看，上面的动力性、操控性、舒适性，我们刚才都通过各种路线和驾驶方式进行了体验，现在请您填写一下（提供笔）。如果前面没有讲到的，我们也很乐意为您解答。

如果客户有异议，汽车销售顾问可适时利用展车向客户进一步说明。如果客户无异议，汽车销售顾问可利用客户对于产品特点、试乘试驾的认可等机会探寻客户购车意向，尝试缔约成交。

话术

汽车销售顾问： ××先生/女士，通过试乘试驾，看来您对××车的评价很不错，其实××车真的是很适合您的一款车。您看，您对车辆的空间、安全性很注重，这正好是我们这款车的优势所在，我建议您先预订下来，早拥有早享受！

如果客户未能当场成交，汽车销售顾问应尊重客户的选择，感谢并礼貌送别客户，诚恳邀请客户再次来展厅。送别客户之后，汽车销售顾问要整理客户资料，适时跟进。

知识巩固

1. 试乘试驾前，试乘试驾专员必须保证试乘试驾车的内、外清洁和________，符合展车标准。

A. 安全　B. 车况良好　C. 燃油充满　D. 外观清洁

2. 路线图必须与客户资料包括身份证等以及________一起存档。

A. 驾驶证　B.“试乘试驾同意书”　C. 流程　D. 标准

3. 试乘试驾时汽车销售顾问必须先给用户做________，并介绍如何使用主要操控部件。

A. 车况介绍　B. 路况介绍　C. 安全事项　D. 示范驾驶

4. 试乘试驾结束后，汽车销售顾问应询问客户的试乘试驾感受并回答客户的问题和异议；当场不能回答的问题可以________________。

A. 找其他销售人员回答　B. 留作下次跟进的理由

C. 不回答　D. 去找资料

5. 试乘试驾结束后，汽车销售顾问必须立即填写“试乘试驾记录表”和________。

A.“试乘试驾反馈表”　B. 用户跟踪表

C.“客户信息卡”　D. 满意度调查

6. 测试重点——发动机起步、加速、前中段动力性、灵活性、市区变换车道适合________路段。

A. 市区路况　　B. 快速路　　C. 高速路　　D. 爬坡路

7. 测试重点—— 0 ~100km/h 加速能力、紧急制动、制动能力适合________路段。

A. 市区路况　　B. 快速路　　C. 高速路　　D. 爬坡路

8. 连线题。汽车销售顾问和试乘试驾专员分别需要做好试乘试驾的哪些准备工作，请你在下面匹配一下。

销售顾问

试乘试驾专员

1）简要而明了地介绍试乘试驾流程和所需时间，取得客户的认同。

2）确认所需试乘试驾车辆是否可用，并在试乘试驾预约看板上进行记录。

3）准备试乘试驾车，确保车内整洁、温度适宜。

4）将试乘试驾车辆停放至展厅门口，等待客户。

5）复印客户的驾驶证 / 身份证，向客户解释“试乘试驾同意书”。

6）为客户设定试乘试驾计划，以便向客户展示产品的特点。

7）事先准备好饮品放入试乘试驾车内。

8）根据客户需求安排相应的试乘试驾路线并进行介绍，提示客户试乘试驾的体验重点。

9. 判断题。

1）试乘试驾路线必须是连续路段。(　　)

2）只要是感觉安全的地点，都可以进行试乘试驾换手。(　　)

3）若客户带着儿童，汽车销售顾问应该邀请客户带孩子一起进行试乘试驾体验。(　　)

4）若客户选择试乘，不需要任何证件，也不需要签署任何文件。(　　)

5）即使遇到恶劣天气，也要坚持试乘试驾体验服务。(　　)

6）车内空调、音响、时钟等虽然与驾驶关系不大，但都要提前准备好。(　　)

学习情境六

洽谈成交

车辆销售过程中洽谈成交的目标只有一个——双赢。汽车销售顾问以客户可接受的最高价格销售产品和服务，同时通过推出金融贷款业务、车辆置换业务等增强客户的购买信心。汽车销售顾问应该掌握好报价服务、精品销售及销售合同签订的相关知识，合理解决客户异议，提高成交概率，提升客户满意度。

任务一　车辆价格洽谈

任务目标

通过本任务的学习，应达到以下目标：

1）明确车辆报价的流程。

2）能够灵活运用车辆报价方法及技巧。

3）恰当解决客户的异议。

4）正确引导增值业务需求。

任务内容

通过试乘、试驾，蔡先生、蔡太太对所选的车型更感兴趣了，汽车销售顾问李晓开始引导客户进行车辆交易洽谈。客户希望交易诚实、可靠、透明，并能完全满足客户的要求。汽车销售顾问李晓该如何促进与客户的洽谈呢？

任务实施

步骤一　确认销售方案

一、推荐合适车型

客户通过汽车销售顾问的产品静态介绍及试乘、试驾的动态介绍，对汽车的配置和性能有了新的认识与了解。汽车销售顾问应根据客户需求有针对性地介绍意向车型的各款发动机排量和配置等级差异，参考客户需求和预算重点推荐；介绍附件配置选项，如轮毂、踏板；询问客户的颜色选择以及车身和内饰的颜色组合；告知客户最受欢迎的颜色组合，以及颜色对残值的影响，积极引导客户签约成交。

话术

汽车销售顾问：看得出来您对这款车的各方面性能特点都比较了解了，也比较喜欢。您是喜欢自动换档的还是手动换档的？

客户：这款车主要是我太太开，我想自动换档的比较好。

汽车销售顾问：对于颜色我们这里也有多种选择，比如珍珠白、夜光蓝、开罗金、反射银，这是产品目录表，上面还有其他颜色，您看你们喜欢什么颜色呢？

客户：我看今天试驾的开罗金就不错。

汽车销售顾问：蔡先生，您真有眼光，开罗金是最受欢迎的，我们店也只剩两辆现车了，下一辆到货要等半个月之后了，如果两位喜欢，可以先预订下来。

小提示　推荐车型时的注意事项

汽车销售顾问应优先推荐经销商库存可以供货的车型，确认客户所需的车型交车时间。若客户意向车型需要订单订货，应预估可能的到货时间，汽车销售顾问在告知客户时要留有时间裕量。

二、销售方案推荐

汽车销售顾问可根据客户情况探询二手车置换、消费信贷、车辆保险、附件产品、上牌手续等代办事项的意向，说明经销商的服务流程和客户利益，开展增值服务。汽车销售顾问可向客户介绍二手车业务主管、信贷业务人员，陪同客户参与二手车估价、置换流程、消费信贷业务介绍和办理程序过程；汽车销售顾问利用车险文件资料为客户推荐合适的车险项目，向客户说明保险相关条款。

话术

客户：请问在 25 万元以内有哪些车型，我刚才开的那款车如果加上上牌费用需要多少钱，现在有什么优惠？

汽车销售顾问：蔡先生，您刚才开的那款车，售价为 25 万元。

客户：那你能给我们优惠多少呢？

汽车销售顾问：请放心，既然两位这么喜欢这款车，价格方面是一定会让你们满意的，那我们就先选择这款车了？颜色是您刚才选的开罗金吗？

客户：好的，这款比较大气稳重。

汽车销售顾问：好的，那我与两位确认一下，款式是 ×××，颜色是 ×××……对了，蔡先生，在这里买新车是一定要上保险的……

小提示　汽车销售顾问可以借势介绍

汽车销售顾问可利用展厅布置和助销工具，如附件清单与说明、展厅附件实物展示（图 6-1）、展车实物展示等，引导客户进行增值消费。

图 6-1　展厅宣传彩页

步骤二　销售价格洽谈

一、购买信号的识别

尽管购买信号不会必然导致购买行为，但汽车销售顾问可以把购买信号的出现当作促使购买协议达成的有利时机。购买信号是客户通过语言、行为、感情表露出来的购买意图信息。客户的成交意图有些是有意表现出来的，有些则是无意流露的，后者更需要汽车销售顾问及时发现。对于汽车销售顾问来说，准确地识别成交信号，把握成交时机是相当重要的。客户成交信号可分为表情信号、语言信号和行为信号 3 种。

1. 表情信号

表情信号是客户的心理活动在面部表情上的反映。例如，目光对产品的关注或分散、面带微笑或表情严肃等均是判断成交时机的重要依据。通常来说，客户决定购买的表情信号有表 6-1 所示几种类型。

交易洽谈

表 6-1　表情信号

1）面部表情突然变得轻松起来，紧皱的双眉舒展开	4）双眉上扬
2）露出微笑或欣赏的神情	5）眼睛转动加快
3）露出惊喜的神色，说道 “真的很省油哦！”	6）态度更加友好

2. 语言信号

当客户有意购买时，从其语言中就可以判断出来。例如，当客户说 “价格能不能再低些？”这实际上就是一种有意表现出来的感兴趣的迹象，它表明客户产生了购买意图，成交已近在咫尺。归纳起来，客户表示成交的语言信号有表 6-2 所示几种类型。

表 6-2 语言信号

语言信号	具体示例
表示肯定或赞同	对，你说得很专业；我们目前确实很需要这款车
请教产品的使用方法	有自动驻车功能确实很便利，但我不知道怎么使用；行李舱自动感应开启用起来方便吗
打听有关产品的详细情况	如果我们在路上出现故障，你们会派人马上维修吗
提出购买的细节问题	一个月内交车，时间太长了吧
提出异议	价格太高了，能否再低一点
与同伴议论产品	你看这款车怎么样
重复问已经问过的问题	对于我刚才提出的问题，你能否再详细解释一下
问“假如……”的问题	假如我全款提车，会有什么优惠

当客户出现上述语言信号时，那么可以基本判定这个客户会选购车辆。在实际的工作中，客户的语言信号往往不那么明显，它们经常存在于客户的异议中，这就要求汽车销售顾问要善于“察言观色”，掌握倾听和辨别的艺术。

3. 行为信号

行为信号是指客户在举止行为上所表露出来的购买意图。例如，不断用手触摸汽车产品并不断点头，拍拍汽车销售顾问的手臂或肩膀，做出身体自然放松的姿势等，均是有意成交的表现。有时客户对汽车销售顾问的态度会突然变得友好和客气。例如，“你介绍得很到位呀”“你真是个不错的销售员。”

得到客户的认可十分关键。如果客户在听汽车销售顾问说明的过程中脸露微笑，证明客户认同了汽车销售顾问的说明，并在向汽车销售顾问发出购买的信号。

往往获得订单的最大“绊脚石”是汽车销售顾问本人太过健谈，从而忽视了客户的购买信号。因此，在汽车产品销售的过程中，汽车销售顾问应注意观察客户的表情及行为，正确判断客户的语言，并根据其变化的趋势采取相应的策略、技巧加以引导。总之，汽车销售顾问在成交阶段密切注意客户所说的和所做的一切，是十分重要的。

二、车辆价格洽谈

1. 产品报价

汽车销售顾问首先应请客户确认所选择的车型，以及保险、按揭等代办手续意向，然后根据客户需求拟订销售方案，明确报价，制作报价清单。此外，汽车销售顾问还需对汽车报价内容和构成、付款方式及各种费用进行详尽的说明，让客户了解车辆最终成交相关项目的总价格。这样可以增加价格的透明度，提高客户的满意度。

小提示 洽谈价格时的注意事项

汽车销售顾问在说明销售价格时，应再次总结产品的主要配置及客户利益，让客户有充分的时间自主审核销售方案。针对重点客户，汽车销售顾问可请销售经理参与车辆价格洽谈，以提升成交率。

职场实战

与客户洽谈价格

1）制作的报价清单要将所有可能商谈的内容进行整理，如特许经销商提供的服务、担保、保证、价格稳定性。

2）让客户了解所有消费项目和金额，说明购车的费用及购置税、验车等项目明细。

3）明确车辆交付时间、交付内容、付款方式和手续办理周期，重点推荐对客户有利的、便捷的方式。

4）详尽说明车辆购置程序，计算各项费用并耐心地回答客户关心的问题。

5）完整的报价内容：车型、配置、选装包、内外饰颜色、车辆价格、增值服务（置换/金融/保险/延保/附件等）。

2. 报价的方法

（1）三明治报价法 三明治报价法是指多向客户介绍产品的价值而不是只谈价格，向客户说明价值比价格更重要，可使客户内心建立价值与价格平衡的理念。总结一些客户关心的配置、选项、针对客户购买动机的利益，强调一些超出客户期望值的、适合客户需求的利益点，最后明确地报出价格，抓住时机，及时成交。

多学一点

价值与价格平衡的理念

汽车销售顾问在向客户介绍产品的时候，要避免过早提出或讨论价格，应该在客户对产品的价值有了基本的认识后与其讨论价格。客户对产品的购买欲望越强烈，他对价格问题的考虑就越少。汽车销售顾问一定要让客户感觉到物有所值，甚至物超所值。

话术

汽车销售顾问：××先生您好，您选择的这款车，刚好满足您所期望的行李舱空间大、底盘高、动力强的要求，完全能够满足您外出旅行的需求；内饰的色调低调而不失尊贵，也符合您的高贵气质。另外，我们这款车的贴膜、香水都是完全免费的，而其他车都是要自己付费的，能找到这么一款符合自己需求的车实属不易，售后服务就更不用说了。先生您还满意吗？仅需××万元您就可以将这款车开回家了。

（2）欲擒故纵法 欲擒故纵法是针对买卖双方经常出现的戒备心理和对峙现象，在热情的服务中抓住对方的需求心理，先摆出相应的事实条件，表现出“条件不够，不强求成交”的宽松心态，使对方产生不能成交的惜失心理，从而主动迎合报价的一种方法。提供时间与空间，汽车销售顾问可以让客户在展厅考虑一下，或与亲朋好友协商，尽可能制造机会，明确列举销售的汽车产品满足客户需求的优势。

话术

汽车销售顾问：××先生您好，您看上的这款车是目前我们卖得最好的一个车型，消费者的口碑都不错，在同级别车中配置是很高的，性价比很高。

客户：我得回去跟家人商量一下。

汽车销售顾问：好的，买车是大事，应该跟家里人好好商量一下，我们非常欢迎您的家人来亲自体验一下，我相信您的家人看后一定非常喜欢。这是我们这款车的配置资料，这个价格已经很低了，如果有问题我们再交流，随时欢迎您和您的家人到店里来。

（3）促进成交法 汽车销售顾问要抓住客户对汽车产品产生强烈购买欲望的时机，及时促进，可以鼓励客户做决定、赞美客户的审美，甚至可以通过示弱等方式促使客户果断决定。

话术

汽车销售顾问：××先生您好，您真有眼光，一看您就是开过多年车的人，这款车绝对适合您。这款车我们卖得很好，除了展厅这辆，库存就只剩下两辆了，今天好几个客户都看好这款车了，如果您今天不定很可能明天就没货了，我们下批货要等3个月后才能到，这款车确实太好卖了。

（4）来日方长法 汽车产品是大宗商品，不容易一次成交，如果汽车销售顾问在一次接待中不能保证成交，应对客户的决定表示理解，给客户充足的时间思考，对客户来店表示感谢。一定要与客户建立并保持联系，同时欢迎客户介绍亲朋好友等潜在客户。

话术

汽车销售顾问：××先生您好，对您刚才提出的价位，我跟我们经理申请过了，实在抱歉，这个真帮不上您。要不您再考虑考虑，如果觉得能接受我们提出的价格，我们随时欢迎您来店购买。同样，如果您有朋友看好我们的车，也欢迎推荐，到时候我们会有答谢礼品赠送。

职场实战

价格洽谈技巧

1. 洽谈价格的原则

价格洽谈是对汽车销售顾问素质的全面考验，绝不仅仅是讨价还价，一定不要见了面就谈价，也不要一谈价就打折。

2. 产品报价的范围

汽车销售顾问应按照厂家统一规定报价；可以结合厂家规定的优惠金额进行优惠报价；在客户提出降价或要求折扣时，汽车销售顾问可根据客户需求说明自己的权限及可申请的优惠范围。

3. 洽谈时一定要心中有数

作为汽车销售顾问应明确能够让步的是什么，不能让步的是什么。即便让步，也应知道什么时候让步，怎样让步，让步后向客户争取什么。总之，让步必须是有价值、有目的的让步。

4. 汽车销售顾问让步须知

让步的幅度要递减；让步次数要少；让步速度要慢。如果你做出的让步一步到位，那么客户就会认为你的产品还有很大的让步空间。

交易洽谈的目的是实现双赢，客户是想花最少的钱获得最大的利益，而洽谈中客户会掩饰自己的动机，汽车销售顾问应能敏锐地洞察到哪些行为是客户的“幌子”，而哪些行为才是出于真实动机。汽车销售顾问要格外谨慎，不能自以为是，更不能为了成交随意做出让步。

多学一点

汽车直播销售价格确定

汽车直播销售时，报价前先了解客户的价格预期、权益等，再结合本店车型库龄、配置、附加价值、增值业务等多维度进行洽谈，最好采用综合报价的方式。

❖ 话术

汽车销售顾问：您好，这是您购买车型的报价确认表，姓名：×××；车型版本：×××；颜色：×××；指导价：×××；优惠价：×××；购置税：×××，上牌服务费：×××，保险费：×××；车辆预计到达时间：×××。您这边确认无误后，就可以回复“已确认”，谢谢。

客户：了解，价格没有问题。

汽车销售顾问：××先生，确认无误后请回复“已确认”，谢谢。

客户：已确认。

汽车销售顾问：感谢 ×× 先生对我的支持，也感谢您选择我们 ×××× 店为您服务。

客户：不客气。

步骤三 异议处理

一、异议产生的原因

汽车销售顾问在从寻找潜在客户到达成交易的整个过程中，不可避免地会遇到客户的各种异议。在洽谈成交中，价格问题永远是买卖双方最敏感的话题，也是在汽车销售中遇到最多的问题。价格异议是指客户以推销产品的价格比相似产品价格偏高为由而拒绝。客户在购买汽车时，往往都对汽车价格做过精心研究，有备而来，客户的异议多数是“汽车产品价格太高”“汽车产品价格超过客户的预算”“客户的习惯性抱怨”。当客户提出价格异议时，往往表明客户对推销产品产生了购买兴趣和购买意愿，只是认为价格高了，要通过讨价还价迫使汽车销售顾问降低售价。

价格异议属于推销政策方面的异议，它的根源比较复杂，各种外部推销环境、客户的购买习惯和购买经验、价格竞争、客户的认识水平等因素，都可能导致客户的价格异议。

二、正确认识客户的异议

客户有权利获得最优惠的价格、最好的质量和最佳的服务。客户保证自己获得这些权利的唯一途径就是对推销提出质疑。

1. 把客户异议看成一种正常现象

俗话说 “褒贬是买主，喝彩是闲人”，即使客户认为这笔交易总体上是可以接受的，客户也会提出一些这样或那样的疑问来获取有利的成交条件。

2. 应该欢迎异议

异议说明潜在客户对产品感兴趣。当客户不知道经销商的产品如何能满足自己的需要时，客户们就会提出异议。通过客户的异议，汽车销售顾问可以了解客户的真实想法，有助于确定潜在客户处于购买过程的哪一个环节，是感兴趣还是准备购买。根据调查发现，异议在推销过程中有着很重要的作用，当异议不存在时，交易只有 54% 的成功率，当客户有异议时，交易的成功率达到了 64%。

3. 客户异议是一种挑战

汽车产品推销是一种挑战性工作，如果没有客户对产品的异议，汽车销售顾问的工作就没有压力和挑战。汽车销售要求汽车销售顾问去改变客户以往的观念行为而接受新的观念、新的产品、新的消费方式等，这是很困难的，不付出足够的努力是不可能实现的，而不断接受挑战是汽车销售人员应具备的素质。

三、恰当处理异议

无论汽车销售顾问的推销能力多么出色，在交易过程中仍会有一些异议。汽车销售顾问应正确对待客户的异议，善于分析和处理客户异议。

1. 对客户异议表示理解

理解客户异议包括两个方面的内容：一是正确把握异议的真实含义；二是向客户表示自己对客户异议的善意、诚意。对客户提出的意见要表示感谢，态度要诚恳，表现出赞同客户的观点，充分理解客户的感受。

2. 澄清和确定客户异议

客户提出异议后，汽车销售顾问必须澄清异议的真伪性，通过一系列的提问，确定真实的客户异议，然后表述一下对客户提出的异议的理解是否与客户的出发点一致，对自己的判断予以确定。找不到真实的客户异议，就不能消除客户最大的顾虑。

3. 解答客户异议

汽车销售顾问在澄清客户异议真伪的同时，要掌握处理异议的技巧，选择最佳的解决方案。需要强调的是，最佳的解决方案取决于客户当时的情况和异议本身的特点，只有完全满足了客户的合理要求，异议才会消除。

在汽车销售顾问圆满地处理客户异议之后，就有可能达成交易，但是如果客户对销售顾问的解答仍然不满意，则说明销售顾问没有真正弄清客户的需要，仍需要进行沟通，直至客户满意，销售任务才能成功完成。

职场实战

价格异议处理技巧

在处理价格异议时，销售顾问常运用富兰克林平衡法，又称利益总结法。

目标：通过列举、对比产品的优点，并做详尽的分析，促使客户做出决策。

操作方法：

第一步：理解定律（接受异议）。

第二步：转移（异议最小化）。

第三步：争论的依据（事实、事实、还是事实）。

当客户在不同车型间犹豫不决时，可列出一张表格，左侧写下竞争车型的优点，右侧写下本店车型的优点，以直观的方式让客户意识到本店车型的优点以及能获取的利益更多。对于其中列出的项目，只要能够以数量的概念进行分析，都应通过数字进行强化。

例如："我们的车虽然没有×××，但是我们比××车多出这些配备……您觉得是不是更划算呢？"

汽车销售顾问一定要具有相关知识、技能和态度才能成功消除客户异议。知识包括行业的知识、企业的知识、竞争对手的知识、产品的知识、市场营销的知识等。技能指沟通技能、合作技能、处理与客户之间关系的技能等。态度是汽车销售顾问面对困难的勇气。汽车销售顾问应具有良好的心理素质、积极的心态、良好的工作习惯。

知识巩固

1. 推荐合适的销售方案，汽车销售顾问应（　　）。

A. 依据汽车销售顾问的利益　　B. 介绍客户意向车型的颜色

C. 征询客户增值业务意向　　D. 其他

2. 尽管购买信号不会必然导致购买行为，但汽车销售顾问可以把购买信号当作促使购买协议达成的有利时机，（　　）是购买信号，应加以识别。

A. 表情　　B. 环境　　C. 语言　　D. 行为

3. 成交前客户发出的语言信号有（　　）。

A. 开始认真地“砍价”

B. 谈及具体的支付条件、车身颜色

C. 提出有关保修、售后、各种费用、保险等问题

D. 汽车销售顾问拿出订购合同时客户什么也不说

4. 三明治报价法处于中间层次位置的是（　　）。

A. 利益好处　　B. 附加价值　　C. 产品使用费用　　D. 价格

5. 下列情境中，如何解答客户的异议？

1）某汽车 4S 店内，客户听完汽车销售顾问的介绍后说：“你们这里才便宜 1000 元呀，我刚刚从 ××× 店过来，他们那里可以送 3000 元的油卡。”

2）某汽车 4S 店内，客户跟汽车销售顾问说：“××× 车和你们这里的车差不多，但是价格低了 2000 元，我还是去买那款车吧。”

3）某汽车 4S 店内，客户跟汽车销售顾问说：“这么高的价格买这辆车，你们是不是可以送行车记录仪、防盗器？”

任务二 增值业务

任务目标

通过本任务的学习，应达到以下目标：

1）熟知增值业务的种类及内容。

2）熟知增值业务流程。

3）能够准确运用增值业务文件的处理技能。

4）能够给客户提供必要的增值业务信息。

任务内容

汽车销售顾问李晓与蔡先生和蔡太太就汽车的价格进行了洽谈，李晓征询蔡先生和蔡太太是否还有其他要求，客户要求李晓能给出所有必要的信息以便于做出决定。李晓该如何满足客户的需求呢？

任务实施

步骤一 增值业务的认识

增值业务是相对新车销售业务而言的，新车销售业务保证满足消费者的基本需求，而增值业务可满足消费者的更高层次的需求。它必须提供更好、更周到、更多样的服务，符合不同消费群的个性化要求，增值业务必然是一种多元化、综合性的捆绑式业务，是多种业务的集成，能给客户带来全新的体验。汽车产品增值业务服务项目主要包括信贷业务、附件业务、车险业务及二手车业务等服务，如图 6-2 所示。

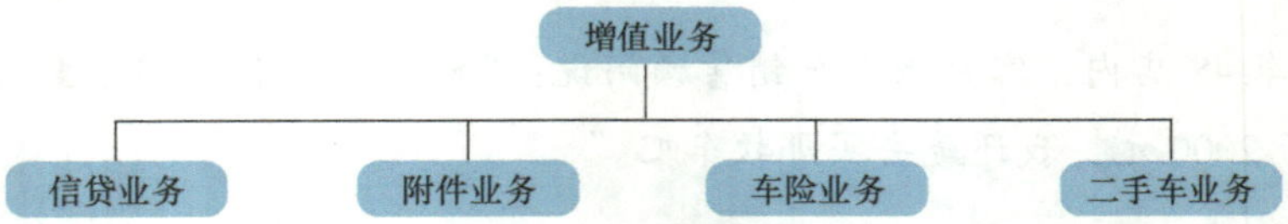

图 6–2 增值业务

多学一点

增值业务与成交的意义

提高汽车增值业务利润是增加汽车销售利润的有效途径，汽车消费的新趋势应是“软件＋硬件”整体解决方案，这将成为从精神层面打动、改变和塑造客户的巨大力量。汽车竞争将变成整体解决方案的竞争，是对消费者行为习惯、生活方式和生活价值观进行引导和塑造的竞争。只要客户愿意接受增值业务服务，汽车企业和经销商就不仅仅是汽车产品制造商和销售者，而会成为以人为本的增值业务服务供应商，能更好、更持久地创造更多的利润。

职场实战

积极推荐增值业务，保证客户利益

1）选择时机，把握机会。　　2）分析客户，引导购买。

3）创造需求，积极推荐。　　4）推荐介绍，说明好处。

5）积极应对，消除异议。　　6）抓住信号，促进成交。

话术

汽车销售顾问：× 先生，恭喜您选好了称心的车型和颜色，我将为您办理相关的购车单据的填写……还有，这里是几款特别适合您这款车的附件，效果非常好，也很实用，刚才您也看过的。您看，这是……（汽车附件清单）

步骤二　增值服务推荐

若客户选择了有关增值业务，则汽车销售顾问应利用辅助资料单独就增值业务的方案进行说明。必要时，汽车销售顾问应陪同相关增值业务人员向客户进行清晰的解释，并回答客户提出的问题。

一、二手车置换业务

如果客户选择了二手车置换，汽车销售顾问可与二手车业务主管共同面对客户，可依据当地二手车法律法规，与客户协商置换销售方案，与客户签订单独的二手车购销协议，明确车辆信息、收购价格、交付时间及交付条件。成功的二手车置换业务服务会降低客户对新车价格的敏感度，提高新车销售的成交率。

多学一点

二手车置换流程

二手车置换流程如图 6-3 所示。

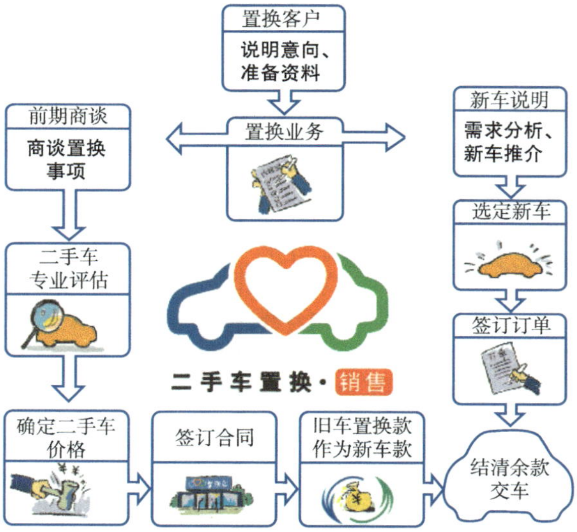

图 6-3　二手车置换流程

职场实战

置换客户需交付的原二手车相关手续文件

置换客户需交付以下原二手车相关手续文件：车辆行驶证、购置税证、车辆产权证、保险单、通行费证明（部分地区），同时提供身份证供车辆过户用。

话术

汽车销售顾问：您的车正好是属于我们认证车的范围，公司对置换认证有特别优惠，所以我们的收购价格可以高于市场的价格，您现在置换是非常划算的。您如果要置换，包含保险、上牌、装潢等一起，只要再加 ××× 元就可以了。当天置换成功的，我们还有价值 ××× 元的超值大礼包赠送，过了今天，活动就结束了，最后的机会，您可要把握好哦。

二、汽车消费信贷业务

在汽车销售过程中有部分的客户并不是一次性付款购车，而是通过分期付款的方式完成汽车消费，当客户满足汽车消费信贷所需要的条件时，汽车销售人员可以为客户办理汽车信贷业务。

你知道吗？ 汽车消费信贷是什么样的业务？

汽车消费信贷是金融机构为解决在与该机构签订了“汽车消费贷款合作协议书”的特约经销商处购买汽车的购车者一次性支付车款困难而推出的一项业务。

目前主流的汽车消费信贷方式除了各大商业银行以外，还包括汽车金融公司（如大众金融、上汽财务等）和各种融资担保公司，其流程和所需的条件基本相同。汽车消费信贷业务办理流程如图 6-4 所示。

1. 贷款类型

随着汽车成为大众消费的物品，银行和其他金融机构纷纷推出多种贷款方式，现在常用的贷款方式有信用卡分期贷款、银行分期贷款、担保公司贷款、汽车金融公司贷款等方式。每种贷款方式对购车的首付要求是不一样的，见表 6-3。

表 6-3 不同贷款类型及特点

贷款类型	贷款特点
信用卡分期付款	信用卡属于信用贷款，侧重于平民阶层，适用于信用良好又有稳定收入的人群，无需抵押物，办理起来较为便捷和简单，办理者只要有足够的资料证明自己的还款能力就可以申请。有的汽车销售公司可办理信用卡分期付款的车型是有限的

（续）

贷款类型	贷款特点
汽车金融公司贷款	办理汽车金融公司贷款比较方便，直接到公司合作的 4S 店选购车辆，根据要求提供相应的资料，再根据金融公司的要求签约，就基本可以等待提车了；缺点是贷款利率比较高
银行分期贷款	银行分期贷款侧重于较有资产的贷款者，一般需要抵押物

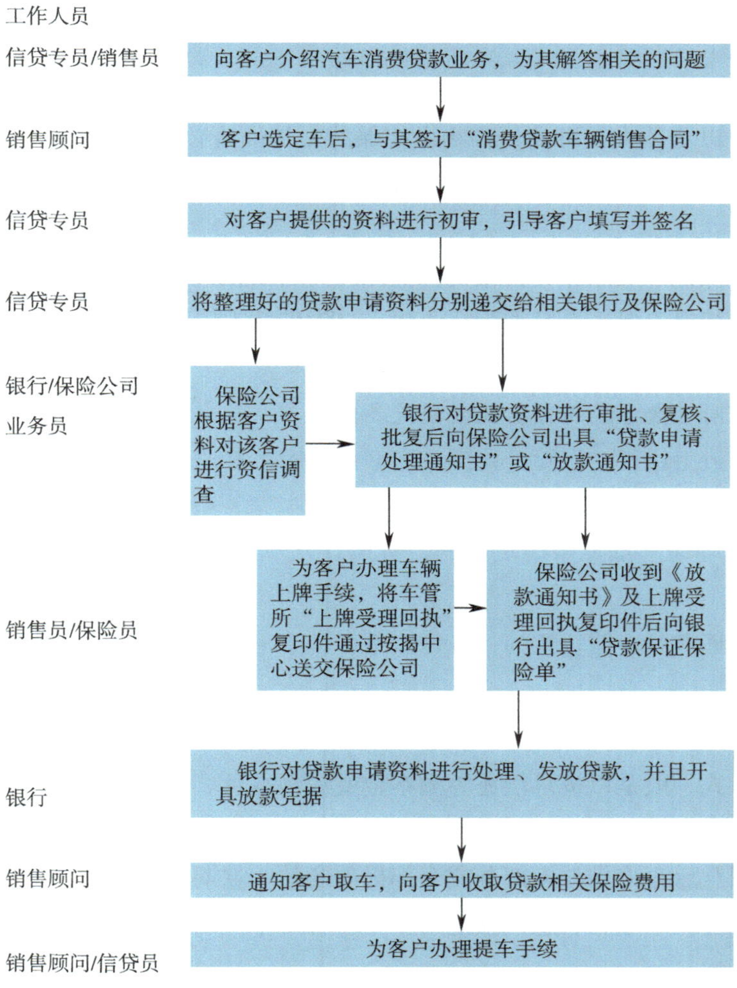

图 6–4　汽车消费信贷业务办理流程

2. 贷款对象

在当地有固定住所、具有完全民事行为能力的自然人和经工商行政管理工作机关核准登记的企、事业法人都可以进行汽车消费贷款。

（1）个人　具备完全民事行为能力；具有稳定的职业和偿还贷款本息的能力，信用良好；能提供有效抵押物或质物，或有足够偿还贷款能力的个人或单位保证人；能支付购车首期款项。

（2）单位　具备法人资格的有偿还贷款能力的单位，在指定的银行存有不低于规定数额的首期车款，有贷款人认可的担保等。

3. 贷款期限

贷款期限为3档：1年以内（含1年），1~3年（含3年），3~5年（含5年）。如果采用贷款到期一次性还本付息，贷款期限控制在1年（含）之内。

4. 贷款方式

（1）车辆抵押　以借款人所购车辆做抵押，且以其价值全额做抵押。

（2）质押　以贷款人认可的抵押物做担保的，其价值必须大于贷款金额的150%；以无争议、未作挂失且能为贷款人依法实施有效支付的权利做质押的，其价值必须大于贷款金额的110%。

（3）第三方保证　第三方保证做贷款担保时需要借款人提供贷款银行认可的保证人。按照贷款银行的规定，保证人必须为企业法人，为借款人提供贷款保证为不可撤销的连带责任保证。

想一想　不同贷款方式的可贷款金额是多少？

以质押方式或由银行、保险公司提供连带保证的，首期付款不少于车款的20%，借款金额最高为车款的80%。

以所购车或不动产抵押申请贷款的，首期付款不少于30%，借款金额最高为车款的60%。

以第三方保证方式申请贷款的，首付款不得小于车款的40%，借款金额最高为购车款的60%。

5. 贷款偿还

贷款偿还方式一般是以按月偿还等额本金或等额本息。借款人应于贷款合同规定的每月还款日前，主动在其存款账户上存足每月应还的贷款本息，由银行直接扣收每月还贷本息。经贷款人同意后允许借款人部分或全部提前还款。款期为1年（含1年）以下的，应一次性结清全部贷款本金和利息；款期为1年（含1年）以上的，借款人提款后的第2个月相应日开始还款。

小提示　汽车消费贷款偿还不能延期，累计3个月拖欠贷款本息的，贷款银行有权处置抵押物或向贷款人行使追索权。

职场实战

贷款申请资料清单

贷款申请资料清单见表 6-4。

表 6-4 贷款申请资料清单

方案申请资料清单	申请人	共同申请人（如无，则无须提供以下材料）	担保人（如无，则无须提供以下材料）
1. 申请表格填写完整	●	●	●
2. 申请表格签字	●	●	●
3. 驾驶证	○	○	
4. 婚姻关系证明	○	○	
5.A. 身份证 + 户口本；B. 军人、武警或警察提供军官证、警官证或其他军籍或身份证明	●	●	●
6. 收入证明（需盖公章、财务章或人事章），如为私营业主需另提供营业执照	●	●	△
7. 最近 6 个月的银行对账单或存款明目	●	△	△
8. 房产类文件（以下任选其一）A. 房产证；B. 其他有效房产证明材料	○	○	△

注：●该资料为必要申请资料 ○该资料由申请人或共同申请人任意一方提供即可 △该资料为补充申请资料，视实际申请需要提供

6. 贷款费用计算

汽车销售顾问应向客户交代清楚客户的需贷款额度是如何计算出来的。具体算式如下：

车价首付款 = 现款购车价格 × 首付比例（20%~80%）

首期付款总额 = 首付款 + 保险费 + 牌证费

贷款额 = 现款购车价格 - 首付款

每月平均付款以 5 年期为例，计算公式为：

每期还本金额 = 贷款本金 / 还款期数

每期应还利息 = 上月剩余本金 × 贷款月利率

小提示 信贷业务文件涉及客户隐私，应谨慎处理含有客户个人和家庭信息的文件。

话术

汽车销售顾问：您只需要提交一份申请就可以了，十分方便。如果一切顺利，从申请到核准只需要几天时间就够了。我建议您今天订车并把申请单填好，把需要盖章的手续办好后尽快交给我们。这样等您预订的车来了，贷款业务正好批下来了，不耽误您的时间。如果以后不想贷款了，您无需交纳任何费用。

三、汽车保险业务

1. 车险的种类

通常所说的车险是机动车辆保险的简称。车险包括两部分：机动车交通事故责任强制保险（简称交强险）和机动车商业保险。机动车保险种类见表 6-5。

表 6–5 机动车保险种类

险种			适用范围与保险责任
机动车商业保险	主险	机动车损失保险	因自然灾害、意外事故造成被保险机动车直接损失，机动车被盗窃、抢劫、抢夺，经出险地县级以上公安刑侦部门立案证明，满 60 天未查明下落的全车损失，以及因被盗窃、抢劫、抢夺受到损坏造成的直接损失，且不属于免除保险人责任的范围，保险人负责赔偿
		机动车第三者责任保险	在使用被保险机动车过程中发生意外事故，致使第三者遭受人身伤亡或财产直接损毁，且不属于免除保险人责任的范围，对于超过交强险各分项赔偿限额的部分，保险人负责赔偿
		机动车车上人员责任保险	在使用被保险机动车过程中发生意外事故，致使车上人员遭受人身伤亡，且不属于免除保险人责任的范围，依法应当对车上人员承担的损害赔偿责任，保险人负责赔偿
	附加险	车身划痕损失险	适用于投保了机动车损失保险的机动车；发生无明显碰撞痕迹的车身划痕损失，保险人负责赔偿
		车轮单独损失险	适用于投保了机动车损失保险的机动车；在使用被保险机动车过程中，因自然灾害、意外事故，导致仅有车轮（含轮胎、轮毂、轮毂罩）单独的直接损失，且不属于免除保险人责任的范围，保险人负责赔偿
		新增加设备损失险	适用于投保了机动车损失保险的机动车；因发生机动车损失保险责任范围内的事故，造成车上新增加设备的直接损毁，保险人在保险单载明的本附加险的保险金额内，按照实际损失计算赔偿
		车上货物责任险	适用于投保了机动车第三者责任保险的营业货车（含挂车）；发生意外事故致使被保险机动车所载货物遭受直接损毁，依法由被保险人承担的损害赔偿责任，保险人负责赔偿
		修理期间费用补偿险	适用于投保了机动车损失保险的机动车；发生机动车损失保险责任范围内的事故，造成车身损毁，致使被保险机动车停驶，保险人在保险金额内向被保险人补偿修理期间费用
		精神损害抚慰金责任险	适用于投保了机动车第三者责任保险或机动车车上人员责任保险的机动车；发生投保的主险约定的保险责任内的事故，造成第三者或车上人员的人身伤亡，对应由被保险人或被保险机动车驾驶人支付的精神损害抚慰金，在扣除机动车交强险应当支付的赔款后，保险人在赔偿限额内负责赔偿
		法定节假日限额翻倍险	适用于投保了机动车第三者责任保险的家庭自用汽车；在法定节假日期间使用被保险机动车发生机动车第三者责任保险范围内的事故，并经公安部门或保险人查勘确认的，机动车第三者责任保险所适用的责任限额在保险单载明的基础上增加一倍

（续）

<table>
<tr><th colspan="3">险　种</th><th>适用范围与保险责任</th></tr>
<tr><td rowspan="4">机动车商业保险</td><td rowspan="4">附加险</td><td>绝对免赔率特约条款</td><td>绝对免赔率为5%、10%、15%、20%，由投保人和保险人在投保时协商确定，具体以保险单载明为准</td></tr>
<tr><td>发动机进水损坏除外特约条款</td><td>适用于投保了机动车损失保险的机动车；因发动机进水后导致的发动机的直接损毁，保险人不负责赔偿</td></tr>
<tr><td>医保外医疗费用责任险</td><td>适用于投保了机动车第三者责任保险或机动车车上人员责任保险的机动车；发生主险保险事故，被保险人应对第三者或车上人员承担的医疗费用，保险人对超出《道路交通事故受伤人员临床诊疗指南》和国家基本医疗保险同类医疗费用标准的部分负责赔偿</td></tr>
<tr><td>机动车增值服务特约条款</td><td>适用于投保了机动车保险的机动车，包括道路救援服务特约条款、车辆安全检测特约条款、代为驾驶服务特约条款、代为送检服务特约条款共4个独立的特约条款，按照承保特约条款分别提供增值服务</td></tr>
<tr><td colspan="3">机动车交通事故责任强制保险</td><td>交强险的赔偿范围非常广泛，只有以下4种情况属于责任免除：
1）受害人故意造成的
2）被保险人所有的财产及被保险机动车上的财产遭受的损失
3）被保险机动车发生交通事故，致使受害人停驶、停电、通信或网络中断、数据丢失等造成的损失以及减值损失等其他各种间接损失
4）因交通事故产生的仲裁或者诉讼费用以及其他相关费用</td></tr>
<tr><td colspan="3">代收车船使用税</td><td>车船税是指对在我国境内应依法到公安、交通、农业、渔业、军事等管理部门办理登记的车辆、船舶，根据其种类，按照规定的计税依据和年税额标准计算征收的一种财产税</td></tr>
</table>

投保人可以选择投保全部险种，也可以选择投保其中部分险种。附加险不能独立投保。附加险条款与主险条款相抵触的，以附加险条款为准，附加险条款未尽之处，以主险条款为准。

多学一点

了解交强险和商业车险

交强险是由保险公司对被保险机动车发生道路交通事故造成本车人员、被保险人以外的受害人的人身伤亡、财产损失，在责任限额内予以赔偿的强制性责任保险。

商业车险是投保人根据合约合同约定，向保险人支付保险费，保险人对于合同约定的可能发生的事故因其发生所造成的财产损失承担赔偿保险金责任，或者当被保险人死亡、伤残、疾病或者达到合同约定的年龄、期限等条件时承担给付保险金责任的商业保险。

2. 责任限制

被保险人有责任时，责任限额为：死亡伤残18万元，医疗费用18000元，财产损失

2000 元；被保险人无责任时，责任限额为死亡伤残 18000 元，医疗费用 1800 元，财产损失 100 元。

3. 车险投保流程及所需资料

车险投保的流程如图 6-5 所示，图中包括汽车附件业务的流程。

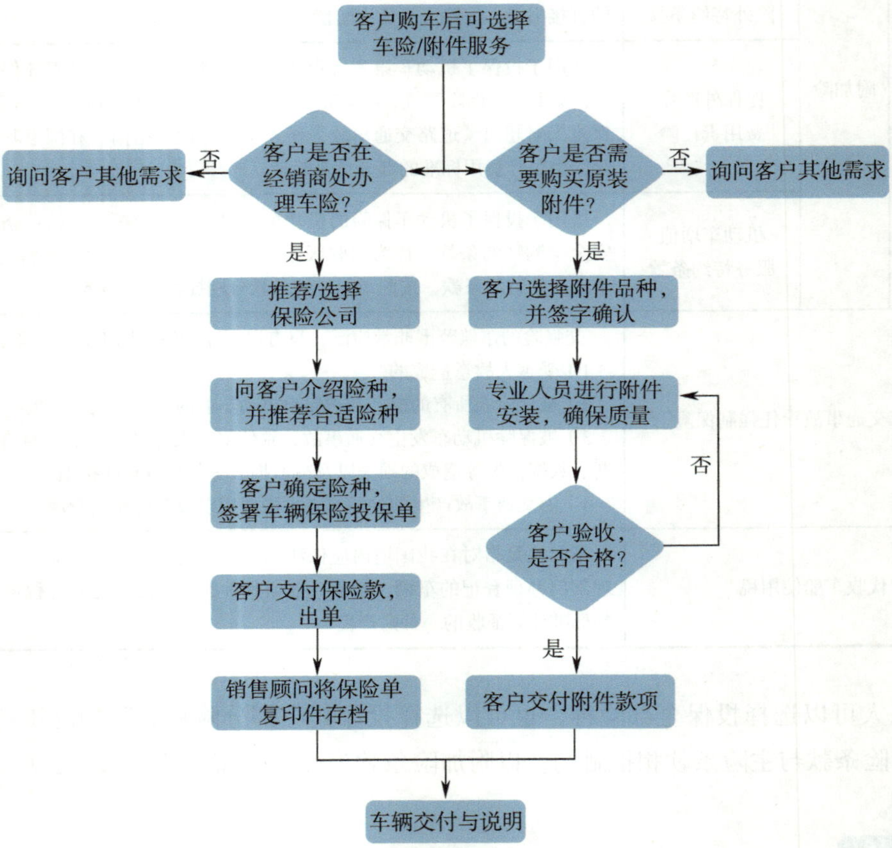

图 6-5 汽车保险业务及附件业务流程图

（1）报价　汽车销售顾问应提醒客户提供报价所需资料——行驶证和上个年度保单复印件(交强险、商业险)；如果客户不能提供以上资料，则需提供准确的车辆信息和投保险别、保额等；保险费试算。

（2）投保　投保所需提供的资料有投保单（签名 / 盖章）、行驶证复印件、身份证 / 机构代码证复印件、上个年度保单复印件（交强险、商业险）、验车照片（脱保、加保需验车）。投保信息录入系统并通过审核。

（3）缴费　现在大多数保险公司因为业务需要已不再收取现金，多数采用刷卡（POS 机）、支票 / 转账等方式，保险费要求在起保前到账。

话术

汽车销售顾问： ××先生，现在手续办完了，您考虑买哪家的保险？我们这边与中保（中国人民保险）、平安（平安保险）、太保（中国太平洋保险）都有合作，都是大保险公司。

客户： 保险啊，不买了，你们这里价位有些高，而且我朋友就在太保工作，跟他说好了，提了车就去找他办。

汽车销售顾问： ××先生，感谢您选择我们公司！同时，也请您放心，我们公司是不会强迫车主买保险的。汽车在外面跑，磕磕碰碰的风险是在所难免的，所以买好保险相当重要。作为您的汽车销售顾问，我希望您能给我几分钟时间，给您介绍一下购买保险的标准。

客户： 哦……

汽车销售顾问： 购买保险的标准，首要的一条是投保方案要合适。我们很多客户都容易信任朋友的推荐，不太关注朋友到底给买了哪些险种。但是，万一你朋友推荐的保险不合适，车辆需要保险服务的时候，您是找保险公司负责还是找您朋友负责呢？

四、汽车附件业务

1. 汽车附件业务的种类

汽车附件业务也称为精品销售业务，是经销商衡量汽车销售顾问自身销售能力的指标之一，同时，也是在深层次挖掘客户的价值，有效提升对客户的服务质量。汽车附件业务的种类如图 6-6 所示。

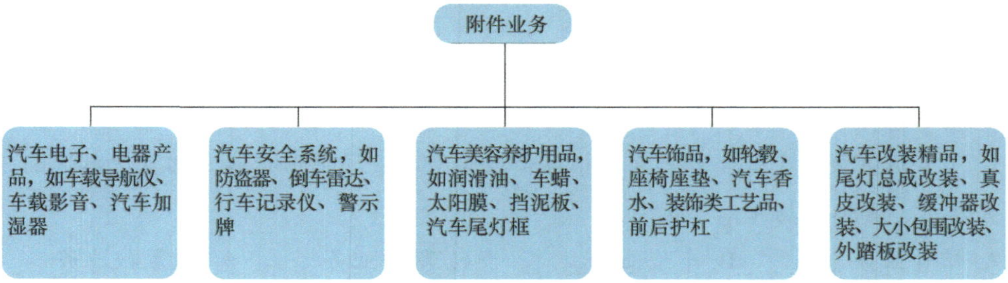

图 6-6　汽车附件业务的种类

2. 汽车附件业务流程及销售

汽车附件业务流程如图 6-5 所示。附件销售流程以销售流程为主线，全程以汽车附件知识和销售技巧为基础，重点在 4 个关键节点（介绍展车、试乘试驾、报价成交、交车）展开附件销售。售后服务环节也是销售附件的重要环节，只是存在不定时的特性。

1）介绍展车时，如果展车加装精品，汽车销售顾问应充分介绍展车上的精品及展车旁的精品展示区，结合的资料包括精品图册及宣传广告。

2）试乘试驾时，汽车销售顾问应充分展示试乘试驾的精品，在试驾过程中适时介绍车辆加装的精品，以及精品给驾驶带来的感受，如音响、导航等。

3）车辆成交及交车时，汽车销售顾问应结合精品广告宣传手册等介绍综合精品展示区、试乘试驾展示区等。

职场实战

采用 SPIN 法销售精品

SPIN 销售法是在汽车销售过程中职业地运用实情探询、问题诊断、启发引导和需求认同 4 类提问技巧来发掘、明确和引导客户需求与期望，从而不断地推进销售过程，为成功销售创造基础的方法。

S—Situation（背景） 用车时遇到的实际情况。

P—Problem（问题） 在实际情况中遇到的问题和困难。

I—Implication（暗示） 通过层层深入，汽车销售顾问向客户展示所遇到的问题和困难将造成的严重后果，为需求—效益问题的提出打下基础，同时强化经销商的产品给客户带来的益处。

N—Needs Pay—off（需求—效益） 汽车销售顾问启发客户说出经销商的产品为自己带来的益处，使客户充分认识到经销商提供的解决方案的价值。

话术

汽车销售顾问：您是不是经常到周边城市谈些业务？您遇到过迷路的情况吗？如果出现迷路或是一不注意错过高速公路的出口，而您正好有个重要约会或是会议，那么您就会迟到或是错过，对您造成很大损失。所以您是不是需要一款带有 GPS 的车呢？

知识巩固

1. 汽车销售顾问在结合客户需求推荐合适车型时，还要依据客户的资金状况引导增值业务需求，具体包括（　　）。

A. 信贷业务　　B. 车险业务　　C. 附件业务　　D. 置换业务

2. 如何针对普通公司职员、教师、公务员等每月有稳定收入的人群推荐购车信贷业务？

3. 李女士是一位年轻白领，月收入 7000 元，准备买一辆 10 万元左右的上下班代步车，其父母给了 5 万元作为首付。请你为其推荐一款合适的车型并为其制订合适的贷款及保险方案。

任务三 签署合同

任务目标

通过本任务的学习，应达到以下目标：

1）明确签署合同的准备工作内容。

2）增强成交阶段的风险防范意识。

3）明确完成付款服务的工作内容。

4）能够准确完成交付信息的确认。

任务内容

汽车销售顾问李晓向蔡先生和蔡太太介绍了经销商的增值服务，客户对李晓的表现给予了认可。确定车型后，蔡先生和蔡太太决定购买，汽车销售顾问李晓马上进行跟进。那么该如何签署合同并确认付款方式呢？

任务实施

步骤一 签署合同准备工作

一、签署合同前的准备

签署合同是一个正式的销售环节，为了体现交易内容的公平、透明性，汽车销售顾问一定要做好准备工作，才能防范合同签署中可能出现的风险，避免在成交后起争议。签署合同需要准备的资料见表 6-6。

表 6-6 签署合同需要准备的资料

资料名称	说明
正式的合同样本	汽车销售顾问应对其中的所有条款十分熟悉，以确保可以向客户准确解释每一条款的含义
最近 3 个月成交客户合同的复印件	清单内容包括购车客户的姓名、所购车型、购买日期、数量等内容。购车后特别满意的客户资料尤为重要
过去 3 个月成交客户合同的复印件	优先选择那些成交价格高的合同，不超过 5 份
过去 1 个月的潜在客户的名单	应包含客户的基本资料，喜欢的颜色、车型、用途等
现在库存的车型清单与数量	汽车销售顾问应对库存车辆有确定的了解

二、确认合同内容

1. 请客户确认报价的内容

根据报价单的内容确认合同中各项费用的数额，包括车辆价格、保险费、上牌费、精品加装的费用等内容，确认费用的项目、单价、合计数是否正确，避免出现差错。

2. 确认交车时间

在汽车销售的过程中，由于受车型、颜色的影响，一般的经销商都会存在货源不足的情况，有些车型和颜色的车可能需要订货。因此，在签订合同之前，汽车销售顾问一定要检查库存状况，对于没有现车的车型，要确认车辆到货时间并向客户说明，得到客户的认可后才能在合同中注明交车时间，绝不能为了促成交易而隐瞒客户。

3. 准确填写合同中的相关资料

对于正式的合同样本，汽车销售顾问在填写的时候一定要认真，特别是车型、车辆识别代号、颜色、规格、客户资料等内容的填写一定要准确，并要求客户进行最后的确认。

4. 零售经理审核

在签订合同之前，汽车销售顾问要先将合同交给销售经理进行审核，特别是确认销售的价格、优惠的幅度、交车时间等主要内容，在得到销售经理的认可后才能与客户签订购车合同。

小提示 合同签署注意事项

1）在与客户签订合同过程中，汽车销售顾问必须专心处理客户的签约事宜，谢绝外界的一切干扰。在签订合同过程中，汽车销售顾问不要接听电话，更不要去接待其他客户，以表示对客户的尊重。

2）汽车销售顾问要协助客户确认所有细节，请销售经理出面向客户致谢、寒暄问候，以示对客户的重视。然后，请客户在“购销合同”上签字，合同1式3份，1份由汽车公司存档，1份交由客户保管，1份由经销商存档。汽车销售顾问应提醒客户交车时持合同正本前来提车。

3）确认客户订单后，汽车销售顾问要将客户信息录入系统，同时查询库存车辆信息。

① 有库存车辆时，汽车销售顾问可以立即安排车辆交付程序。

② 无库存车辆时，汽车销售顾问应录入需求登记，上报需求并及时反馈。

4）汽车销售顾问和客户就交车时间进行确认后收取订金。

步骤二 风险防范

在成交阶段，汽车销售顾问要注意成交方面的风险，避免在成交以后起争议。特别要注意的是不要被客户“牵着鼻子走”，或者说了不恰当的话导致客户反悔。

想一想 下面这位汽车销售顾问哪里做错了？

成交之后，客户说:“你们做汽车销售的也挺不容易的，为了一个订单跑了这么多次，费了这么大的力气，够辛苦的。”汽车销售顾问接了客户的话题，回忆交易过程的艰难，说：“可不是嘛，只有您跟我签了单，其他客户们都没有签呢。”听到这话，客户可能会敏感地认为汽车销售顾问的价格、服务或其他什么地方存在问题从而产生一些新的争议。

一、成交过程中的风险防范

汽车销售顾问要积极地在客户的感情方面多做工作，一旦进入成交过程就不要轻易动摇条件；汽车销售顾问要做到不卑不亢，说话短促有力，充满自信，不说没用的话，不使用模棱两可的语言，明确告知“是”或“不”；引导客户自己做出决定。

二、制作订单之前的风险防范

汽车销售顾问在成交阶段之前已经做了大量的工作，所以此时要相信自己，相信客户是通情达理、真心诚意的，不要轻易在销售条件上妥协。所有的变通都要在规定的范围内决定。

三、制作订单阶段的风险防范

汽车销售顾问在订单制作阶段要多听少说，一定要将承诺和条件互相确认，如对车辆的颜色、车辆的交货期、车辆的代号、车辆的价格等进行确认，避免出现歧义。同时，汽车销售顾问要确认车辆的购买个人（单位），确认支付方法、支付银行、交易银行、银行账号等。

四、签字盖章阶段的风险防范

在签字盖章阶段，汽车销售顾问要动作迅速，一切按规范处理，一定要确认资金和支付方式，按规定收取订金。汽车销售顾问把订单（协议、合同）的一联交给客户，同时把注意事项说清楚。

成交之后（即签订购车合同后），买卖双方都会表现出高兴、得意的表情，但在这个阶段客户对洽谈的内容有时还会存有一些担心，所以汽车销售顾问应适时地称赞客户几句，如“您真的是有眼光呀”“您真的是谈判高手，佩服佩服” “买的正是时候呀”，要给客户留下“确实买了一辆好车，物有所值”的印象。

步骤三 付款服务

合同正式成立后，汽车销售顾问引领客户前往财务部办理付款手续，财务部工作人员应以积极的态度为客户办理付款手续并恭喜客户。汽车销售顾问与客户再次确认余款的付款方式，引导客户采用安全、便捷的付款方式付款。

根据不同的付款方式，汽车销售顾问提醒客户携带相关的证件与资料。若为置换客户，可提供旧车款直接抵扣，实现一站式的便捷付款。

多学一点

客户付款的主要形式及其特点

现金：财务人员清点费时，客户等待时间长，携带大量现金有安全隐患。

汇票：贴现时须提供合同与发票，贴现款到账期约 3 天，贴现不固定。

转账：安全、方便、快捷、资金划转较灵活。

信用卡：便利、安全；可以透支，具有免息期，有利于资金周转。

现在汽车经销商常建议客户采用转账和信用卡交付方式进行付款。

职场实战

客户线上无忧订车

对线上客户必须使用公司官方收款二维码以及账号，切忌使用销售顾问个人收款二维码收款；为了防止转账后不按合同办事，可采用电子合同；若客户未见过实车，担心买到的不是新车，汽车销售顾问要通过视频实车确认，保证客户在线上无忧订车。

话术

汽车销售顾问：这是您所订车型的电子合同，请您签名确认。

客户：OK，合同没有问题。

汽车销售顾问：没有问题，您这边就可以安排付订金了。您如果对车型有不满意的地方，我们承诺订金可以在 3 天内无条件全额退款。

客户：行，没有问题，我考虑清楚了，尽快给我车就好。

汽车销售顾问：感谢 ×× 先生的支持。

汽车销售顾问：顺便给您提醒一下，您交付的所有资金都是交付给我们公司，请勿转给任何的个人账号，这也是保障您的权益。

客户：好的，明白了，你真仔细。

话术

汽车销售顾问：×× 先生，您的订金财务已经收到了，我先将收据拍照给您，同时您可以选择到店领取或邮寄。

客户：你这边邮寄给我吧。

汽车销售顾问：没问题的，那您把邮寄的地址发我一下吧，我可以今天安排给您寄出。

客户：好的，×× 市 ×× 路 ×× 小区 ×× 栋 ×× 号，是寄付的吧？

汽车销售顾问：好的，地址收到，您这边放心，我们都是用 ×× 速运给您寄付出去的，您这边不需要花费一分钱，也是对您选择我们店购车的一种福利。

客户： 那就好，× × 快递我也放心。

汽车销售顾问： 好的，今天准时寄出。

步骤四 交付信息确认

汽车销售顾问要与客户确认合适的联系方式，如电话、手机、微信等，预告后续的车辆交付沟通流程和方法。

1）客户等待车辆期间，汽车销售顾问应通过事先约定的联系方式在约定期限内联系客户，告知车辆情况，避免订单流失。

职场实战

客户等车期间的联络

汽车销售顾问与客户联络的方式有很多，关键是从客户的角度去思考问题：

1）提供缩略版的“使用维护说明书”，或邮寄给客户。

2）安排回访人员定期回访。

3）若等待车辆期间遇有节日，可邮寄小礼品。

4）邀请客户参加经销商的市场或客户关爱活动。

在联络方式方面，也要结合客户的具体要求和情况，建议汽车销售顾问做到：

1）先发短信，再通电话。

2）下订单后及时确认并跟进。

3）了解内部管理信息后联络客户。

4）若新车已进入运输环节，判断到店日期，适当延长时间，留有余地。

2）交车期较长时，汽车销售顾问应让客户随时了解车辆信息。

3）若交车延迟，汽车销售顾问应第一时间通知客户，向客户表达歉意并提出新的时间期限，取得客户认可。

4）针对置换客户，汽车销售顾问需确认二手车交付时间及条件。若不能在评估当时交付，则在二手车交付时，需由二手车业务主管做二次评估，以确认车况未变。

5)若新车资源紧张，客户要求二手车交付时间延期时，汽车销售顾问应视延期时间，由二手车经理请示销售总监后决定是否重新评估二手车收购价格。

话术

汽车销售顾问：（12 日汽车销售顾问李晓获悉蔡先生订的车已从 × × 地发出）您好蔡先生，我是 × × 店销售顾问李晓，请问方便接听电话吧？

客户：方便，我的车到货了吗？

汽车销售顾问：我正要跟您说这件事，车已发出，您放心，18 日我们一定会将车交到您的手里。我还要提醒您的就是请准备好余款。

客户：太好了，谢谢。

知识巩固

1. 经过交易洽谈，若客户不能现场决定，汽车销售顾问应做好以下哪些工作？（ ）

A. 记录潜在客户信息　　B. 实施潜在客户促进与联络

C. 向客户施加压力，促使客户决定　　D. 制订潜在客户管理计划

2. 以下哪项是最安全、最便捷的付款形式？（ ）

A. 现金　　B. 汇票　　C. 支票

D. 转账　　E. 信用卡

3. 联络客户的方式有哪些？

学习情境七

车 辆 交 付

车辆交付是销售过程中客户最兴奋的时刻。在车辆交付过程中汽车销售顾问应让客户体验到优质的服务和经销商无微不至的关怀，从而赢得客户的信任，激发客户热情，为与客户保持长期良好关系奠定基础。

任务一　车辆交付准备

任务目标

通过本任务的学习，应达到以下目标：

1）明确车辆交付前准备工作的工作要点。

2）明确 PDI 检查要点。

3）做好车辆交付前的文件准备及相关工作的沟通。

任务内容

汽车销售顾问李晓知道，按约定的日期和时间交付给客户无缺陷、洁净的车辆是汽车销售顾问的宗旨和目标。为给蔡先生、蔡太太交车做好充分的准备工作，李晓应该做好哪些工作呢？

任务实施

步骤一　交车预约

不同汽车经销商的交车预约流程大体相同，在车辆到店入库后，汽车销售顾问提前3天与客户联系，预约交车时间，并简要介绍交车准备事项、流程和所需时间；可以征求客户的意见，引导客户事先揭膜。预约交车前1天，汽车销售顾问应致电客户并询问客户交车仪式的参与意愿，确认客户的付款条件和情况，与财务部做好沟通，确认准备工作就绪。

职场实战

交车预约电话重点内容

1）汽车销售顾问恭喜客户新车已准备就绪，说明车辆状况和交车日期。

2）汽车销售顾问应提醒交车过程需要的时间（如1小时左右），与客户预约交车的具体时间。

3）汽车销售顾问应简要向客户介绍交车程序、内容。

4）确认尾款数额与交款方式，汽车销售顾问提醒客户交车时需要携带的文件、资料。

5）汽车销售顾问可以邀请客户的亲朋好友一起前来。

6）再次恭喜客户，确认预约时间。

汽车销售顾问与交车专员确认交车准备事项，尤其是各项交车文件；预约零售经理、展厅经理、服务顾问等相关人员参与交车仪式的时间。如果是网上售车的送车到家服务，需与客户网络确认相关事宜。

话术

汽车销售顾问：× 先生您好，我是 ×× 销售服务店李晓，您的车已到店了，我们可以在 18 日准时交车了。您确定下午两点能过来吗?

客户：请等一下，我确认一下那天的行程……可以呀。

汽车销售顾问：那好 × 先生，为了您今后使用车辆方便，我们到时候还有些交车的事项要向您说明，比如说车辆的维护、保修等，到时候要占用您一些时间，您看可以吗?

客户：大约多长时间?

汽车销售顾问：大约 1 小时。

客户：好的，可以。

汽车销售顾问：好的，× 先生那咱们就这样定了，到时我们在展厅等候您。办理手续涉及的一些文件如身份证、驾驶证、购车合同及订金收据请一并带来。

步骤二 车辆交付前 1 天准备

交车前 1 天，汽车销售顾问完成新车 PDI，对各检车项目进行确认。如果车辆配有导航系统，汽车销售顾问应设定经销商的位置。

想一想 为什么要做新车的 PDI？

PDI（Pre-Delivery Inspection，出厂前检查）即车辆的售前检验记录，也是一项售前检测，是新车在交车前必须通过的检查。目的是在新车投入正常使用前及时发现问题，并按新车出厂技术标准进行修复；再次确认各项技术状态良好，以保证客户所购买的汽车能正常运行。

车辆在从制造厂家到经销商的运输过程中，可能遇到极端恶劣的情况，如保管过程中的高温、运输过程中的碰撞、飞石、严寒、风雨等。因此检查新车在运输过程中是否受到损伤是一项非常重要的工作。

在很多情况下，新车是处于库存状态，但是如果库存不当，新车也会出现一些问题，如蓄电池过度放电等。所以，应检查新车在库存的过程中是否因保管不当而造成损坏。

总之，新车交给客户之前的 PDI 是新车在投入运行前的一个重要环节，涉及制造厂、供应商和客户三方的利益，也是对汽车制造厂汽车质量的再次认可，是消除质量事故隐患的必要措施，也是对购车客户承诺及系列优质服务的开始。

做一做　请按照“新车交接 PDI 表”对车辆进行检查

PDI 的检查项目主要包括车辆识别代号（VIN）、发动机舱、发动机舱（暖机后）、驾驶室内的装饰、车身周围、门、车辆底部和驾驶操作等内容。各品牌车的检查项目大同小异。表 7-1 为新车交接 PDI 表。

表 7-1　新车交接 PDI 表

服务商名称__________　服务商代码__________　经销商名称__________
车　　型__________　发动机号__________　运输商名称__________
车 身 颜 色__________　车 架 号__________　检查日期__________

<table>
<tr>
<td>外观与内饰</td>
<td>□内部与外观缺陷（如变形、擦伤、锈蚀及色差等）
□油漆、电镀部件和车内装饰
□关闭车门检查缝隙情况
□车窗玻璃有无划痕
□随车物品、合格证、工具、备胎、使用说明书
□ VIN、铭牌
□示廓灯及牌照灯
□前照灯（远近光）、雾灯开关
□制动灯和倒车灯</td>
<td rowspan="2">室内检查与操作</td>
<td rowspan="2">□离合器踏板高度与自由行程
□制动踏板高度与自由行程
□加速踏板自由行程与操作
□转向盘自由行程
□收音机调节
□转向盘自锁功能
□驻车制动调节
□遮阳板、内后视镜
□室内照明灯
□前后座椅安全带及安全带提示灯
□座椅靠背角度及头枕调整
□加油盖的开启
□杂物箱的开启及锁定
□前后刮水器及清洗器的工作情况
□点烟器及喇叭的操作</td>
<td rowspan="2">点火开关及车门装置</td>
<td rowspan="2">□组合仪表灯及其性能检查
□门灯；中门儿童锁
□车门、门锁工作是否正常
□门边密封条接合情况
□钥匙的使用情况
□滑动门的工作情况，必要时加润滑脂
□蓄电池和起动机的工作情况及各警告灯的显示情况
□手动车窗及开关</td>
</tr>
<tr>
<td>发动机舱</td>
<td>□制动液液位及缺油警告灯
□发动机机油液位
□冷却液液位及浓度
□玻璃清洗剂液位
□传动带的张紧力
□节气门控制拉索
□离合器控制拉索</td>
</tr>
</table>

（续）

底部及悬架系统	□底部状态及排气系统 □变速器液位 □制动管路有无泄漏或破损 □轮胎气压（包括备胎）（前轮 220kPa；后轮 250kPa） □燃油系统管路有无泄漏或破损 □确认所有车轮螺母转矩 □悬架的固定 □齿轮、齿条护罩情况 □确认保安件螺母转矩	驾驶试验	□制动器及驻车制动的效果 □转向盘检查与自动回正 □变速器换档操作 □离合器、悬架系统工作情况
热态检查	□燃油、防冻剂、冷却液、制动液及废气的渗漏 □蓄电池电压≥ 12V，怠速时≥ 13.5V □冷却风扇的工作情况 □热起动性能 □有无其他异响		
故障描述			
处理方法			

以上检查项目合格画“√”、异常画“×”；如果需要提出维修，请将此单和“新车到货质量信息反馈表”传真至 ×× 公司服务部。

备注：

- PDI：对以上项目的正确安装、调试及操作进行详细检查，简述故障现象及处理方法，并签字确认。
- 接车员：确认该车辆已完成了所有的检查项目。

PDI 人员签字________ 接车员签字（经销商公章）________ 运输商签字________

步骤三 车辆交付当天的准备

一、交车前的文件准备

汽车销售顾问在交车前要对涉及车辆的相关文件进行仔细全面的检查，确认无误后，装入文件袋，以便交给客户。这些文件包括商业发票和使用说明书等相关手册。

1. 商业发票

商业发票是购车时最重要的证明，也是汽车上户时的凭证之一，故在交车前务必仔细清点，确保其有效性和准确性。

2. 使用说明书等相关手册

（1）车辆合格证 车辆合格证是机动车整车出厂合格证明，是机动车生产企业印制并随车配发的注明企业名称、企业标识及防伪信息的证明文件。

（2）车辆使用说明书 为客户提供的对车辆使用时操作事项的说明，引导客户必须按照车辆使用说明书的要求合理使用车辆。

（3）三包服务卡 根据有关规定，汽车在一定时间和行驶里程内，若因质量问题导致的故障或损坏，凭三包服务卡可以享受厂家的无偿服务。

（4）其他文件或附件 4S 店都可以实施“一站式服务”，客户可以委托汽车销售顾问办理相关手续，相关的文件还应有车辆的缴税单、办理牌照、保险和信贷、名片（销售人员、服务部经理 / 服务代表）、交车确认表、“新车交接 PDI 表”等相关文件。

二、保证车辆的整洁美观

汽车销售顾问应预留足够时间安排清洗车辆，待交车辆停放于交车区，汽车销售顾问确认车辆整备及清洁状态，加注至少 1/4 箱燃油。车辆必须经过实际的操作，汽车销售顾问确认所有的功能都处于正常状态。

1）车辆清洁。

职场实战

保证待交车辆的整洁完整

1）车外清洁：重点确认车窗玻璃、后视镜、轮胎等。

2）车内清洁：重点确认烟灰缸、杂物箱等。

3）行李舱及车辆附件：重点确认备用轮胎气压、随车工具等。

4）发动机舱清洁。

5）其他附件安装。

2）车辆细节检查。

做一做　检查车辆的细节

汽车销售顾问应仔细检查车体有没有划伤，车辆的里程数是不是超过合理范围（从车厂出来到运到经销商中间的过程）；注意车辆型号、制造年份、颜色、原厂配备、配备是否正确；注意行车执照的出厂日期与发票是否相同（主要针对跨年车）；电动后视镜开关是否正常；转向盘上、下调整是否正常；安全带扣上是否顺畅；测试驾驶人座椅高、低、前、后调整及前排乘员座椅前、后调整，椅背角度调整（应把每一项功能都检测一遍）是否正常；头枕、后排座椅扶手是否可正常调整。

3）预先将交车事项通知专营店的相关员工，做好交车前的各项准备工作。

4）交车前和客户确认是否要撕掉保护膜等。

5）交车前装配好约定的选用备件。

6）汽车销售顾问要检查油液及车内所有电动及电路是否正常（如四门电动窗及天窗），并把车内需调整的部件调整好。

小提示　建议在光线明亮的环境下交车。待交车辆覆盖印有品牌标识的车罩，应与客户一同将其揭开。

职场实战

送车到家交车方式

1）客户在网上订购的车已经到了，销售顾问与客户核对完车型信息后客户就可以交余款了，请确定客户交款的方式。

2）如果客户的余款已经全部结清了，让客户选择交车的方式。一般建议客户选择到店交车，如果客户选择上门送车的服务，一定要做好上门交车的三确认：里程数确认、车架号确认、车身外观确认。

话术

汽车销售顾问： 您好，我是销售顾问 ××，之前您订购的 ×××× 车型已经到店了，请问您想过来看看车，付余款吗？

客户： 到了？好的，不如你帮我拍一下车吧，我先看一下。

汽车销售顾问： 没问题的，×× 先生我给您拍一下您定的爱车。

客户： 真好看，我还是上次那样二维码付款吧。

汽车销售顾问： 好的，记得在备注栏标注“××××× 车款”哦。

汽车销售顾问： 您这边的车款已经结清了，我们店提供到店交车和上门送车的服务，不知道您这边有没有上门送车的需要呢？

客户： 这个听起来挺不错哦，还能送车上门。

汽车销售顾问： 是的，这是我们的一项专属服务。请您确认车辆的里程数。因离您家预计 ×× 公里左右，车辆的里程预计在 ×× 公里左右。请确认。

客户： 确认。

汽车销售顾问： 请您确认车架号和合同是一致的。

客户： 确认。

汽车销售顾问： 请您确认车辆外观和内饰。

客户： 确认。

三、交车区准备

汽车销售顾问应保证交车区现场环境干净、温馨、舒适；交车区布置背景、祝贺词、彩带、红花、气球等可以烘托出喜庆气氛的物料，可以根据当地的民俗习惯及客户的要求布置烘托现场喜庆气氛的物料；交车专区应设立交车专区告示牌，让客户产生尊贵感受。

知识巩固

1. 汽车销售顾问与客户预约交车应说明哪些内容？

2. 典型情境：因特殊情况导致无法按约定时间交车，作为汽车销售顾问应如何应对这样的情况？

任务二 车辆交付服务

任务目标

通过本任务的学习，应达到以下目标：

1）能够阐述车辆交付环节的重要性。

2）明确交车流程的要点。

3）能够列出完成车辆交付的各项工作。

4）具备良好的协调和沟通技能。

5）明确向客户交车的准确流程。

任务内容

交付新车是一个让人激动的时刻，对客户来说意味着从此之后他将从经销商那里得到服务和关心。汽车销售顾问李晓做好新车交车的准备工作后，等待蔡先生和蔡太太的如约到来。李晓需要让客户体会到销售顾问、所有经销商的工作人员都在分享他们的欢乐与喜悦。李晓按照什么样的标准为客户服务才能达到这样的效果呢？

任务实施

步骤一 交车客户接待

交车当日，汽车销售顾问再次致电客户确认到店交车时间。如果客户有需要，可以为交车客户提供免费接送服务。

一、交车客户接待

1. 接待引导

1）在交车当天，需要在销售展厅门口设置欢迎牌，祝贺客户提车。

2）当客户到达公司门口时，销售人员（若主管或经理有空也可参与）要到门口迎接并祝贺客户。

3）为客户挂上交车贵宾的识别标志，经销店每位员工见到带有交车贵宾识别标志的客户均应热情道贺。

4）汽车销售顾问可邀请客户先到交车区验看新车，再引领客户到专属交车商谈桌（室）坐下，并提供茶点饮品。

2. 文件资料点交及讲解

1）汽车销售顾问可利用交车台卡或交车展示屏内容进行流程说明，提醒客户交车流程和所需时间并征询客户意见及认可。

话术

汽车销售顾问：蔡先生、蔡太太，这是我们的交车流程和标准，首先我会把相关文件交给你们，然后我们到交车区进行车辆确认和介绍使用说明，还有售后服务介绍，最后我们还要为您安排一个交车仪式，您看行吗？

客户：可以。

2）汽车销售顾问陪同客户绕车检查，分享客户欣喜的心情，同时携带一块毛巾及清洗剂，因为新车难免有洗不净的印记，须随时替客户清除。

3）汽车销售顾问交完车辆后，还需要递交证件、票据等书面文件，与客户逐一进行核对，须勾选签字的地方恭请客户签名。移交相关文件包括用户手册、保修维护手册（上完牌、结算完才给）、保险文件、车辆合格证、三包服务卡、车辆钥匙（2套，若是按揭车辆一般是1套钥匙）及其他文件或附件。利用准备好的各项清单与客户结算各项费用，移交商业发票。

4）汽车销售顾问将用户手册结合车辆试车说明使用，其余各项文件都应打开并逐项逐条说明让客户了解，提醒客户详细阅读。

二、文件签署与付款手续

汽车销售顾问要确认客户的付款方式，若客户采用消费信贷方式，汽车销售顾问要提醒客户首月付款的准确日期和首付款数额；视情况开展增值业务推荐（车险、附件、上牌等），若客户接受增值业务服务项目，汽车销售顾问应将相关的费用计入购置费用（“上牌服务清单”“车辆装潢确认清单”）；汽车销售顾问要对车辆保险和增值业务服务进行介绍和解释，讲解保险条款、理赔范围和出险流程；准备好相关文件，并解释各文件的内容，请客户签字确认；如果客户有疑问，汽车销售顾问应清楚地向客户说明各项费用明细。最后，汽车销售顾问将所有文件整理好后放入文件袋中，请客户保管好。

小提示 交车说明时的注意事项

汽车销售顾问在交车过程中要提供规范的服务，说明事项时切忌：①交车时口头说明，未使用相关资料；②交车时未充分照顾客户，忙于书面文件的填写；③文件手续工作应在最短时间内完成，如有必要，客服部门人员应到场协助，避免客户奔波等；④注意饮品的添加。

新车辆上牌流程在办理完成新车交付手续及新车保险后，还要完成以下几项工作。

1. 缴纳车辆购置税

缴纳车辆购置税需准备的文件有“车辆购置税纳税申报表”、购车发票、合格证原件、车辆拓号一副、车主身份证明原件及复印件。

车辆购置税是对在我国境内购置车辆的单位和个人征收的一种税，它由车辆购置附加费演变而来。车辆购置税的纳税人为购置（包括购买、进口、自产、受赠、获奖或以其他方式取得并自用）车辆的单位和个人，征税范围为汽车、摩托车、电车、挂车、农用运输车。车辆购置税实行从价定率的办法计算应纳税额，税率为10%，应纳税额的计算公式为：

$$应纳税额 = 计税价格 \times 税率$$

如果消费者买的是国产汽车，计税价格为支付给经销商的全部价款和价外费用，不包括增值税税款（税率 17%）。因为机动车销售专用发票的购车价中均含增值税税款，所以在计征车辆购置税税额时必须先将 17% 的增值税剔除，即

$$车辆购置税计税价格 = 发票价 \div 1.17$$

然后按 10% 的税率计征车辆购置税。例如，消费者购买一辆 10 万元的国产车，去掉增值税部分后按 10% 纳税，即 100 000 ÷ 1.17 × 0.1=8547（元）。

如果消费者买的是进口汽车，计税价格的计算公式为

$$计税价格 = 关税完税价格 + 关税 + 消费税$$

2. 申请新车注册登记

（1）拓号　车主或被委托人驾车驶入拓号区，拓印机动车车辆识别码及发动机号。

（2）拍照　车主或被委托人驾车驶入照相区，给车辆拍照。

（3）填表　车主或被委托人到办证大厅取车辆照片和“机动车查验记录表”及顺序号，并填写“机动车注册、转移、注销登记 / 转入申请表”。

（4）验车　车主或被委托人到办证大厅找查验员查验车辆，并将所有手续交给查验民警。

（5）拍号　车主或被委托人持顺序号到新车注册等候区等候受理，领取机动车受理凭证，到选号区自选号或在受理窗口拍号。

（6）交费　持选号票及机动车受理凭证到收费窗口交费。

（7）领行驶证　持选号票、机动车受理凭证、收费凭据及临时号牌到发证窗口领取机动车行驶证及机动车登记证书。

（8）领牌　持行驶证及收费凭据到牌照制作窗口制作并领取机动车号牌。

（9）安装　持机动车号牌及号牌安装凭据安装号牌。

步骤二　新车检查与使用说明

一、检查与使用说明

1）汽车销售顾问将客户引领到新车旁，陪同客户进行新车检查；汽车销售顾问利用

新车交车确认表（表 7-2）进行新车确认，概述说明内容，获取客户认可，请客户入座驾驶位，汽车销售顾问坐在前排乘员位。

话术

汽车销售顾问：恭喜两位，这辆全新的 ××× 现在属于你们了，请你们仔细检查一下车辆的外形及配置，请！

汽车销售顾问：刚才我们按照“新车交车确认表”对新车都检查过了，不知道两位还有没有问题？

2）汽车销售顾问结合使用维护说明书，针对重点项目向客户介绍新车使用方法，根据客户对车辆操作的了解程度就操作方法进行说明，重点针对客户的购买需求。汽车销售顾问应再次强调车型的配置、功能和优点；汽车销售顾问在为客户说明时，可在车内播放客户喜欢的音乐和广播。

表 7-2 新车交车确认表

新车交车确认表

感谢您对 ×× 品牌的厚爱并恭喜您拥有一辆 ×× 汽车，为了感谢您对 ×× 汽车的惠顾，×× 汽车将根据您所填写的资料为您建立用户档案。

为了确保您所购买车辆的品质，我们已经彻底地检查您的爱车的每一个细项，请您再次依据下面的程序对车辆的品质进行检查并完成交车手续。

我们有绝对的信心，您的爱车将会给您提供一个愉快的驾驶体验。

一、车主基本资料

车主姓名：________ 地　址：________ 联系电话：________

车辆类型：________ 型　号：________ 车身颜色：________

发动机型号：______ 底盘号码：________

二、随车文件清点

□合格证 □维护手册 □使用手册 □发票 □钥匙（含遥控器）

□工具（含点烟器、千斤顶、警示架）□随车资料包（照片、底盘号、发动机号、燃油标识）

三、操作状况说明

□车内整洁	□外观整洁	□音响操作正常
□检查车上配件是否齐全及安装妥当		□车辆发动程序
□车灯系统操作	□刮水器及清洗操作	□音响天线及电钟操作设定
□后视镜操作	□后风窗玻璃除雾操作（选装）	□转向盘上下调整（选装）
□手排档操作	□驻车制动操作	□空调系统操作
□发动机舱盖、行李舱及燃油箱盖遥控开关		□儿童安全锁说明
□门锁及车窗操作	□备胎及千斤顶位置及使用	
□单人椅使用要领（选装）	□此车特殊装备说明	

四、车主须知说明

□定期维护说明 □特约维修站说明 □顾客资料表填写

五、完成交车

□本车主（单位）已与贵公司完成所有交车前检查程序并且会同贵公司检视过，本车主（单位）同意接收。

□我（代表公司）承诺在车辆上户完成后将行驶证复印件送到或传真至经销商处。

车主（单位）签章　　日期

经销商（加盖公章）　　日期

领牌日期：________ 牌照类别：________ 牌照号码：________

职场实战

新车使用说明重点

汽车销售顾问在向客户介绍使用说明时，重点应介绍以下内容：

1）发动机舱内各部件外观。

2）三液面（风窗玻璃洗涤液容器、冷却液容器、制动液容器）及机油尺的观测方法。

3）蓄电池（根据观察孔旁的文字表述或者使用说明书了解蓄电池的状态）。

4）轮胎、轮毂状态（不同车型的轮胎气压规定值标识在燃油箱板内的标签上）。

5）座椅（含头枕）、安全带、ISO-FIX 的位置。

6）电器及开关，仪表指示，车钥匙（长按开锁和闭锁按键自动打开和关闭车窗）。

7）刮水器及风窗玻璃清洗。

8）灯光、指示灯。

9）车窗、中控门锁等。

10）收音机、时钟。

11）空调系统（快速制冷、除霜和除雾功能介绍、空气滤清器的更换周期）。

12）变速器、驻车制动（电子驻车制动、AUTO HOLD 操作）。

13）行李舱。

14）随车工具。

15）随车文件与附件。

16）安装点烟器、车载天线等。

17）新车使用注意事项（根据使用维护说明书的规定向客户解释）。

18）根据客户需要，除去各种保护膜、套。

话术

汽车销售顾问：蔡先生、蔡太太，为了两位能正确使用车辆，我来为两位讲解一下车辆的使用方法。

客户：我都开了好几年的车了，没问题，小李。

汽车销售顾问：当然，两位的驾驶经验一定是相当丰富的，不过每辆车都有它自己的独特之处，所以我还是将我们车辆的特点向两位介绍一下吧，这样两位便能更快上手，正确操作。

客户：倒也是，好吧。

3）汽车销售顾问确认客户对新车使用及操作没有疑问，准确回答客户提出的问题。

小提示 若客户对新车的操作或功能仍不熟悉，汽车销售顾问应演示驾驶并介绍新车的使用方法。

二、售后服务说明

售后服务对车辆使用和维护是非常重要的，不仅可以延长其使用寿命而且可以节约费用。汽车销售顾问应能够针对客户关心的售后服务需求提供解决方案。

职场实战

介绍售后服务的内容

服务经理或服务顾问对维护手册的各项内容进行详细说明，以免日后因误解产生不必要的麻烦，说明项目主要包括：

1）解释新车维护计划和间隔以及在经销商处维护的优势。

2）重点提醒首次维护的服务项目和里程数（以先达到者为限，即两者其中之一，不管何者出现，都表示保修期已到）以及免费维护项目。

3）告知回访和首保预约的信息，提醒客户首保携带维护卡和手册。

4）说明质保内容和质保范围，强调产品的质保期限（含易损件），以及获得质保的前提条件。

5）告知发生故障时的服务电话和24小时救援电话及特色服务承诺说明。

6）介绍售后服务的营业时间，服务流程及全国服务网点。

7）提醒客户新车驾驶的注意事项，告知客户今后服务顾问的联系方式，以便客户在车辆发生问题时能及时得到帮助。

小提示 在介绍售后服务内容时，必须将维护手册打开并面向客户，让客户明确看到维护手册的内容。这可以让客户感觉到，维修接待是对客户进行一对一的管家式服务。

步骤三 车辆交付确认

一、车辆交付确认

汽车销售顾问移交有关文件，根据“新车交车确认表”与客户逐一核对、全面确认，请客户确认无误后在“新车交车确认表”上签名确认。汽车销售顾问将所有文件、说明书、票据放入交车专用的资料袋，交给客户；汽车销售顾问应提醒客户分类保管好各类票据和说明书，以备日后使用。

想一想 汽车销售顾问移交哪些文件？

汽车销售顾问需移交的文件有：购车发票，购置税证，购销合同，行驶证/合格证，保险文件，增值业务服务合同，机动车产权登记证，消费信贷文件，首保卡，其他代缴费用等凭证。

你知道吗？ 什么是二次交车？

新车交付时，有些客户可能还不能完全掌握车辆的操作和使用方法，而当其使用新车一段时间后，会有相关的疑问。若客户有需要，应预约时间和地点，为客户进行“二次交车”，有效解决客户的问题，提升满意度。同时，若能提供上门服务，将是汽车销售顾问开拓潜在客户的好机会。

二、交车满意度调研

在新车交付后，汽车销售顾问要向客户说明经销商的满意度调研项目，取得客户的理解与支持；询问客户是否有疑问，以及接下来进行电话回访的合适时间；通过询问的方式进行交车服务流程满意度调研，收集客户的反馈意见；若客户对销售服务流程有建议和意见，汽车销售顾问应真实记录并向客户致谢；若客户表现出不满意，则应立即了解导致客户不满意的原因并提供解决方案。

职场实战

通过客户信息反馈，不断改善，提升客户满意度

客户满意度调研重点内容：

1）客户对销售服务的整体满意度。

2）客户认为经销商做得好的方面。

3）客户认为经销商可以改善的方面。

4）客户给汽车销售顾问的评分。

步骤四　交车仪式与道别

一、交车仪式

想一想　交车仪式的设计要点是什么？

1）待交新车的装饰需符合客户的品位和当地的习俗。

2）相机、鲜花、礼品等应事先准备妥当，尤其是要保证相机有充足的电量；若赠送鲜花，应注意礼节。

3）零售经理、展厅经理现场组织公司人员在车旁列队。

4）全体人员与新车合影留念后，要鼓掌祝贺并与新车车主握手致谢。

销售经理 / 展厅经理、服务经理、客服经理等人员出席交车仪式，汽车销售顾问应介绍销售经理、服务经理或其他人员与客户认识；销售经理向客户致谢，赠送购车纪念品。交车仪式出席人员与客户在新车前合影留念，将照片在一周内寄给客户。

二、道别

交车仪式出席人员再次恭喜并感谢客户；交车仪式出席人员微笑目送客户驾驶车辆离去，挥手道别一直到看不见客户车辆为止。

汽车销售顾问要认真整理客户信息，详细填写“客户信息卡”交给客服部；将交车客户信息录入系统；汽车销售顾问估计客户到家后致电问候客户。

知识巩固

1. 分析以下两个情景，说出汽车销售顾问的处理有何不妥。

情景 1

汽车销售顾问：“李先生，您看，这款车的配置与您原来预订的是一致的吧？如果没有什么问题请您在这个验收表上签字。”

李先生：“嗯，但是有些配置我没搞清楚……”

情景 2

一位客户来专营店买了车，很开心。客户说：“我付全款给你都没问题，你给我做一下检查。你告诉我什么时间可以提车，我先出去绕一圈，一会再回来。”销售人员说：“两三个小时以后我给你车。”

2. 汽车销售顾问在交车时应向客户重点说明哪些内容？

学习情境八

售 后 跟 踪

推销活动真正的开始在成交之后。交车客户是经销商和汽车销售顾问的宝贵财富，一方面，对于品牌的创建，车主具有绝对的发言权；对于交车客户的管理与维系，是经销商及汽车销售顾问客户资源管理意识和能力的重要体现，培养忠诚客户是经销商经营的必由之路。

任务一 客 户 回 访

任务目标

通过本任务的学习，应达到以下目标：

1）能够列出客户回访的内容。

2）明确客户首次维护及邀约的内容。

3）明确客户跟踪关怀的内容和方法。

任务内容

蔡先生、蔡太太把新车从店里提走之后，汽车销售顾问李晓准备好了电话回访的内容。请问李晓应在什么时间对客户进行回访才能让客户感受到关爱？

任务实施

步骤一 新车交付后的回访

新车交付后的回访工作应以客户为中心，想客户之所想，让客户感受到经销商一如既往的重视和关爱。经销商如果发现自身存在的不足，应及时改进提高，以提高客户满意度。

一、交车当日回访

真正的服务从交车后开始，应以不打扰到客户为前提。汽车销售顾问在交车当天给客户发送关怀短信，感谢客户购买了经销商的产品，提供服务沟通热线信息。汽车销售顾问要询问客户对新车的感受，有无不明白、不会使用的地方。对于客户的意见或问题，汽车销售顾问应认真记录并尽量当天予以解决，如果无法解决，要及时上报并给客户反馈，保持持续的关怀服务。

职场实战

客户忠诚度管理的意义

1）维持与客户的关系，不仅是售后业务的源头，也是产生销售线索的重要渠道。

2）通过基盘客户的维系工作，让用户感受到前后一贯的高品质服务。

3）让用户感觉到销售服务商和品牌作为一个整体服务，值得依赖。

4）确保销售服务商持续盈利。

话术

汽车销售顾问：亲爱的蔡先生、蔡太太，感谢你们在 ××× 经销商购买产品，我们后续将提供令你们满意的售后服务。若你们对我们的服务、产品有任何建议和意见，欢迎致电 ×××××××××，我们将充分听取你们的反馈，不断提升服务水平，谢谢。

新车交付当天，服务顾问可以通过微信、电话、短信等渠道与客户建立联系，提供服务沟通热线等信息。

话术

×× 先生，您好。感谢您在 ×× 销售服务商购买的 ×× 汽车产品，我是您的专属服务顾问 ××。我们将确保您用车、养车后顾无忧。若您有相关需求，请与我们直接联络，我们将提供令您满意的售后服务。服务热线：×××××××××。谢谢！×× 销售服务商，服务顾问 ×××。

二、3 日回访

交车后 3 日内由回访专员致电客户，了解客户的满意程度，持续维护良好的客户关系，对于客户的不满意之处应及时予以解决。

想一想 交车后 3 日内电话回访的内容包括哪些？

1）确认客户对车辆是否满意。

2）询问车辆使用过程中是否存在问题。

3）若有问题，则了解情况，致歉并提供解决方案。

4）若没有问题，则进一步肯定客户做出了正确的购买决定。

5）询问客户有无疑问，告知客户如有疑问可随时联系。

6）告知客户将会进行的满意度调查。

7）请客户推荐介绍亲朋好友来店购车。

8）再次感谢客户对公司的信任。

话术

汽车销售顾问：蔡先生您好，我是 ××× 经销商的销售顾问李晓，这几天的驾驶感觉如何？还满意吗？

客户：很满意。

汽车销售顾问：太好了。我再次提醒您，新车在磨合期内一定要安全驾驶。如果有什么问题请及时跟我们联系。过几天我们的客服人员会打电话对您做一个满意度的调查，也请您配合。

客户：好的。

三、5 日回访

新车交付后，汽车销售顾问应邀请客户参与经销商定期组织的新车主所购车型深入的介绍与产品培训课堂。

职场实战

五日关怀，新车使用支持

1）交车 5 天内，汽车销售顾问将交车仪式的照片、感谢信等电子化处理，通过微信渠道与客户联络，同时发出由总经理亲自签署的致谢函 / 感恩贺卡，并进行客户满意度调查。

2）当用户在用车过程中出现疑问时，可以通过远程支持，如以微信视频形式进行操作演示和说明；针对高端客户可进行二次交车方式，确保用户掌握新车使用方法，引导用户口碑传播。

3）通过俱乐部论坛、电商平台、网络、论坛等形式向客户进行口碑宣传。

步骤二　首次维护提醒与邀约

汽车销售顾问要像对待新客户那样重视老客户的利益，做好对客户首次维护的提醒工作，并邀约客户到店进行维护，与客户建立长期友好关系。

一、3 月内首次维护提醒

新车交付后 3 个月内，汽车销售顾问应每月致电或短信关怀客户，询问车辆使用情况，提醒客户首保事宜。汽车销售顾问与客户联络时，可以根据具体情况请客户推荐潜在客户。

话术

汽车销售顾问：蔡先生，您好！我是 ××× 经销商的李晓。到月底，您的车就使用 3 个月了，车的使用情况还好吧？开了多少公里了？……我今天打电话一是想了解一下您的使用情况，二来是想提醒您一下，您的车快到首保时间了，到时我们客户关爱部还会打电话提醒您，并与您预约时间。我们的 ×× 服务一定让您用车放心……您只要按时来我们店，其他的都交给我们来处理就可以了。

二、首次维护邀约与预约

新车交付后 3 个月，首次维护到期前 3 天，依据用户新车行驶里程信息，汽车销售顾问或关爱部工作人员应通过微信、电话、短信等方式联系客户，询问里程数和车辆使用情况，并用告知、确认、预约等方式提醒用户首次 7500km（原则上为 5000km）免费维护。邀约客户回店进行首次维护，与服务顾问协调沟通进行预约安排，邀约客户到店进行经销商的客户关爱活动，建立长期关系。

知识巩固

1. 新车交付后，汽车销售顾问打出第一个跟踪服务电话是在（　　）。

A.24 小时内　　B.48 小时内　　C. 1 周内　　D. 两周内

2. 新车交付后，汽车销售顾问需要做哪些回访？

3. 交车后的 3 日内电话回访的内容包括哪些？

4. 首次维护邀约与预约的内容是什么？

任务二 客户培养

任务目标

通过本任务的学习，应达到以下目标：

1）能够通过各种方法维持与客户的关系。

2）能够采用合理方法通过保有客户引荐新客户。

3）能够运用恰当方式解决客户抱怨和投诉。

4）具备客户投诉应对技能。

任务内容

汽车销售顾问李晓按照流程完成了客户的回访工作，李晓还要继续完成客户关系的培养。售后服务工作做得是否到位、圆满，主要看是否充分做好了与客户之间的维系工作，包括联络感情、搜集情报和解决客户抱怨、投诉。汽车销售顾问李晓应该如何做呢？

任务实施

步骤一 交车客户维系

一般汽车经销商都是由销售部与客户关爱部积极沟通，制订跟踪计划，零售经理/销售主管每周确认销售顾问的忠诚客户培养计划。

一、定期维护邀约

为了能满足客户需求，在客户回访过程中或者在车辆常规维护后3个月或行驶7500/5000千米后，根据系统的提示，经销商客服部关爱专员应邀约客户及时来店维护，给予客户及时的提醒，确保繁忙中的客户能对爱车进行及时维护，切实体现对客户的关爱，让客户真实感受到公司的优质服务。

话术

汽车销售客服：××先生/女士您好，我是×××汽车客服部的，方便打扰您一下吗？根据我们的系统提示您的爱车维护周期已经到了，现在给您打这个电话是想告诉您，您需要来我们专营店做维护了。我们想跟您约一个有效的维护时间，这样可以避免浪费您的宝贵时间，我们可以为您安排专业的技师更好地为您服务。正好现在我们专营店有活动，提前预约并准点到店维护可享受工时费7折的优惠。

二、客户关系维系

客户关系维系的最终目的是实现客户价值和企业利润的最大化。要做好客户关系维系，应做到以下几点：

1）汽车销售顾问和市场关爱部工作人员应根据客户信息寄送生日贺卡、交车周年纪念卡等；结合客户具体情况向客户及其家人发送节日个性化问候或祝福。

2）汽车销售顾问每年至少2次与交车客户进行接触，可以针对区域车展、新车上市活动、促销活动的告知与邀约等时机与客户见面。

你知道吗？ 客户关爱活动都有哪些？

一般经销商为了维系跟客户的关系，会定期开展多种形式的服务活动和客户活动，在让客户得到实惠的同时，从感情上重视客户、尊重客户，更深一层地维系与客户的长期关系。维系客户关爱活动见表8-1。

表8-1 维系客户关爱活动

服务活动	客户活动
根据车型、里程数、车龄、使用环境，针对客户车辆开展活动，通过服务于车，实现维系到人： 1）店庆回馈客户（工时优惠、赠送工时卡等） 2）免费检测活动，帮助客户消除安全隐患 3）季节性关爱检测活动 4）预约维护工时费优惠 5）延时服务 6）优惠服务月	根据客户行业、年龄、兴趣点等为不同的车主群体制订专属的客户活动方案，直接针对客户开展维系活动： 1）合作商户优惠 2）车主讲座（健康知识、投资理财等） 3）节油大赛、棋类比赛等娱乐活动 4）车友交流会 5）爱车养护课堂 6）六一儿童节活动等亲子、家庭活动

3）当客户表达出对车辆、服务的好感时，汽车销售顾问应不失时机地请客户推荐潜在客户并记录好潜在客户的信息。

职场实战

基盘客户维系线索

1）每次与客户沟通时都寻求客户推荐介绍潜在客户的机会，收集置换、增购客户信息，主动要求基盘客户提供或介绍销售线索。

2）对于已有的基盘客户，展开上门拜访活动，通过微信、电话或者短信等方式向客户表达关注，积极开拓客户周边的潜在客户群。

3）联系客户时，可以提供一些对客户有用的营销信息，如区域车展、新车上市活动、促销活动告知与邀约等。

4)销售服务商保持与基盘客户的长期关系，培养客户的忠诚度，利用电访、面谈、车主活动等机会收集客户信息。

5）销售顾问主动外拓收集销售线索，如利用社会关系、销售服务商市场活动、异业联盟商业合作等。

6）销售顾问可以通过内部介绍，如全员销售、销售服务商内部人员推荐等收集线索。

7）可以通过交车后定期回访、年检到期提醒、保修到期提醒、客户生日与节庆祝福等方式维系与基盘客户的关系。

4）汽车销售顾问每次与客户联系后，将沟通和反馈信息翔实地记录到“客户信息卡”和经销商管理系统中。

步骤二 客户抱怨与投诉处理

客户抱怨与投诉是客户对汽车产品或服务质量不满的一种具体表现。对客户的抱怨和投诉处理得好，不仅可以增强客户的忠诚度，还可以提升企业的形象。

你知道吗？ 客户抱怨与投诉的意义何在？

1）客户抱怨与投诉可以使企业开创新的商机，客户投诉可以反映企业产品或服务不能满足的客户需求，注意研究这些需求，可以帮助企业开拓新的商机。

2）客户抱怨与投诉可以使企业获得再次赢得客户的机会。许多案例说明，经销商只要处理得当，客户大都会比抱怨与投诉之前具有更高的忠诚度。

一、客户抱怨与投诉的产生

想一想 为什么客户会产生抱怨与投诉？

当客户在接受服务的过程中进行抱怨与投诉时，其原因可以归纳为以下 3 点：产品原因、服务原因、客户自身与外界的原因，如图 8-1 所示。

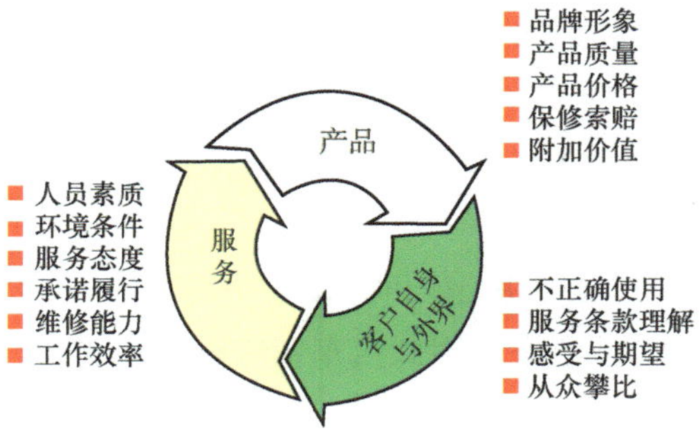

图 8-1 客户产生抱怨与投诉的原因

想一想 最容易产生客户抱怨与投诉的是哪些方面？

（1）销售时遗留的问题 汽车销售顾问的承诺未履行；客户寻求心理平衡（买贵了）；汽车销售人员对购买产品的权利义务向客户交代得不清楚。

（2）服务态度 汽车服务人员不够热情；在产品介绍或相关文件签署时对具体项目的说明解释工作未做到位；面对客户的异议汽车服务人员缺乏耐心。

（3）维修质量 对新车出现的小故障修复效果不好，甚至有同一故障多次出现的情况；故障长时间没有解决；在交车过程中未对客户车辆进行防护；出厂时车辆不干净让客户感到不满意。

（4）等待时间过长 客户在等待过程中长时间无服务人员接待；服务承诺长时间没有得到履行，长时间未安排交车等。

（5）客户不正确的理解 客户对经销商的保修条款不理解；对汽车销售顾问关于汽车产品性能的介绍不理解；客户对增值业务服务的项目或办理不理解。

（6）客户对汽车产品操作不当 客户由于对汽车产品的性能不了解，没有按照操作规范使用导致汽车产品出现问题而抱怨与投诉。

（7）客户的期望值过高 客户希望汽车产品不出故障；对服务人员的工作要求比较高；对经销商的工作流程要求较高。

二、客户抱怨与投诉的解决

汽车服务人员应明确厂家和经销商处理客户抱怨与投诉的流程和机制；若遇有客户抱怨与投诉发生时，第一时间以正面、积极的态度协助处理客户抱怨和投诉，不推诿，不逃避；汽车服务人员应按客户抱怨与投诉流程进行处理。

1. 心理准备

接待客户抱怨与投诉非常具有挑战性，汽车服务人员应随时做好准备，接受客户的投诉。

（1）持欢迎态度 接到投诉是一件不愉快的事情，但抱怨与投诉也有其积极的一面。解决好客户的抱怨，会增加客户的忠诚度。对于客户抱怨与投诉应持欢迎和重视的态度，将其作为对客户服务的一次有利机会。

（2）树立“客户总是正确的”的信念 客户抱怨与投诉正说明经销商的服务和管理上存在问题，应做一定的改进。虽然在很多情况下，客户的言行举止有些过分，但应提倡即使客户错了也要把“对”让给客户，尽量减少与客户之间的对抗，以达到解决客户抱怨与投诉的目的。

（3）掌握客户心态 客户的抱怨与投诉是由于不满意或一时的气愤，此时常常表现出“求尊重、求补偿、求发泄”的心态，因此汽车销售顾问在受理客户抱怨与投诉时要给客户适当的发泄机会，以示对客户的理解和尊重。

你知道吗？　客户抱怨与投诉的心理特点是怎样的？

1）希望被重视。

2）希望被认真对待。

3）希望有人聆听。

4）希望有反应、有行动。

5）希望得到补偿。

6）希望被认同、被尊重。

2. 处理客户抱怨与投诉的原则

职场实战

应对客户抱怨与投诉的原则

抱怨与投诉是创建客户忠诚的机会，汽车服务人员应掌握处理的原则：

1）先处理情感，后处理事件。

2）不回避，第一时间进行处理。

3）了解投诉的原因与事实，明确控制范围。

4）面对不合理要求，必要时要坚持原则。

5）为达成满意协商，可征询客户意见，适当地调整解决方案。

6）不做过度的承诺。

1）先处理情感，后处理事件。有家汽车修理厂有一条服务宗旨“先‘修理’人，后修理车”。客户的车辆出现故障时，他的心情会非常不好，应该先关注这个人的心情，然后关注汽车的修理。因此正确处理客户投诉的原则就是先处理情感后处理事件。

2）要站在客户的立场上将心比心。服务人员必须站在客户的立场上将心比心，诚心诚意地表示理解和同情，承认过失。因此，对所有客户的抱怨与投诉处理，不论已经被证实的还是没有被证实的，都不要急于分清责任，而是要先表示歉意。

3）耐心地倾听客户的抱怨与投诉，分析客户抱怨的原因。汽车服务人员只有认真听取客户的抱怨与投诉，才能发现客户抱怨与投诉的实质原因。由于客户抱怨与投诉多数属于发泄性质，只要得到汽车服务人员的同情和理解，消除了怨气，心理平衡后事情就容易解决了。面对客户的抱怨与投诉，汽车服务人员一定要设法搞清楚怨气从何而来，以便对症下药，有效地平息客户的抱怨与投诉，正确、及时地解决问题。

4）想办法平息客户的抱怨与投诉。对于客户的抱怨与投诉，汽车服务人员应该及时、正确地处理。拖延时间只会让客户的抱怨变得越来越强烈，使客户感到自己没有受到足够的重视。如果客户抱怨产品质量不好，企业通过调查研究发现是客户使用不当造成的，这时应及时通知客户维修产品并告知客户正确的使用方法。如果经过调查，发现产品确实存在问题，经销商应给予相应的赔偿，尽快告诉客户处理的结果。

5）迅速采取行动。汽车服务人员对客户抱怨与投诉处理必须付诸行动，不能只是表示同情和理解，要迅速给出解决方案。

3. 处理抱怨与投诉的方法

客户的抱怨与投诉有时是正确的，有时是错误的，有的问题是属于厂家的，有的问题是属于商家的，有的是由于客户自己使用不当造成的，也有真正的产品缺陷。那么，对于以上各种情况应该如何区别处理呢？主要有以下方法。

（1）倾听　无论客户抱怨与投诉的原因是什么、抱怨与投诉的是谁，汽车服务人员都应该首先感谢客户提出了宝贵意见，以诚心诚意的态度来倾听客户的抱怨与投诉。把80%的时间留给客户，允许客户尽情发泄。客户在发泄后会冷静地等待处理结果。为了更好地处理客户的抱怨与投诉，汽车服务人员在倾听的时候一定将要点记录下来。

小提示　在客户诉说自己的抱怨时，汽车服务人员不要和客户争论。

（2）冷静分析　在聆听客户的抱怨与投诉后，汽车服务人员必须冷静地分析事情发生的原因。客户在开始陈述其不满时往往都是一腔怒火，有许多客户往往因为自己的不良动机而故意夸大自己的不满以求同情，从而达到自己的目的。这时就需要汽车服务人员在倾听的过程中准确判断客户的真正不满之处，有针对性地进行处理，从而防止节外生枝，扩大事态。

（3）找出解决方案　根据客户抱怨与投诉的程度，汽车服务人员可以采取变更场地、人员、时间的方法。

1）变更场地。汽车服务人员应把客户从门厅请去会议室，尤其对于感情用事的客户，找个场所让客户坐下能够使客户恢复冷静。

2）变更人员。汽车服务人员请出高一级的人员接待，以示重视。

3）变更时间。汽车服务人员可以与客户约定一个时间，专门解决客户的抱怨与投诉问题。这样可以以时间冷却冲突，尤其当客户抱怨与投诉的是偶发性问题时，应尽量利用这种方法。变更时间的要点是让客户看出你的诚意，使抱怨与投诉的客户恢复冷静，而不是使抱怨与投诉更加严重。

（4）化解不满　客户在抱怨与投诉时会表现出烦恼、失望、泄气、发怒等各种情绪，不应当把这些表现当作是针对汽车服务人员个人的不满。特别是当客户发怒时，汽车服务人员可能心里会想 “凭什么对我发火，我的态度这么好”。愤怒的情感通常都会在潜意识中通过一个载体来发泄，客户仅仅是把你当成了倾听对象。要让客户知道汽车服务人员非常理解客户的心情，无论客户正确与否，客户永远是对的，至少从客户的角度看，客户的情绪与要求是真实的。只有与客户的角度同步，才有可能真正了解客户的问题，从而为成功处理客户的抱怨与投诉奠定基础。

多学一点

化解客户抱怨与投诉的技巧

1）让客户发泄。

2）充分道歉，让客户知道他 / 她的问题已被了解。

3）收集相关信息。

4）提出解决办法。

5）询问客户意见。

6）跟踪服务。

（5）采取适当的应急措施

1）为客户提供选择。通常一个问题的解决方案不是唯一的，且给客户提供选择会让客户感觉受到尊重，同时客户选择的解决方案在实施的时候会得到来自客户方面的更多认可和配合。

2）诚实地向客户承诺。当问题比较复杂或特殊时，汽车服务人员在为客户解决问题时不应向客户做出过度承诺，而应诚实地告知客户会尽量帮客户寻找解决的方法，但需要一点时间，然后约定给客户答复的时间，但一定要确保准时给客户答复。即使到时不能给客户解决问题，也要准时对客户说明进展情况，表明自己所做的努力，并再次约定给客户答复的时间，同时向客户表明自己会努力解决客户的问题，让客户放心。

（6）处理结果总结　对于每一次客户抱怨与投诉，汽车服务人员都必须做好妥善的书面记录并且存档，以便日后查询。相关负责人应定期检讨抱怨与投诉处理的得失，一旦发现某种类投诉经常发生，必须追查问题的根源以改进现有状况或制订处理的办法。如果是偶发性或特殊情况的抱怨与投诉事件，应制订相应规定。

职场实战

首问责任制

汽车经销商非常重视客户抱怨与投诉的处理，制订了首问责任制，当客户抱怨与投诉发生时，在岗被询问的工作人员即为首问责任人。

1）首问责任人对客户提出的抱怨与投诉的问题或要求，无论是否是自己职责（权）范围内的事，都要给出相应的答复。

2）对于客户的抱怨与投诉在汽车服务人员职责（权）范围内的，若手续完备，首问责任人要在规定的时限内予以解决；若手续不完备，应明确告知后续解决方案，不推诿扯皮。

> 3）对于客户的抱怨与投诉不在汽车服务人员职责（权）范围内的，首问责任人要热情接待，并根据客户抱怨与投诉事由，负责引导该人到相应部门，及时予以解决。

4. 处理抱怨与投诉的步骤

上汽大众汽车公司处理抱怨与投诉的流程及步骤如图 8-2 所示。

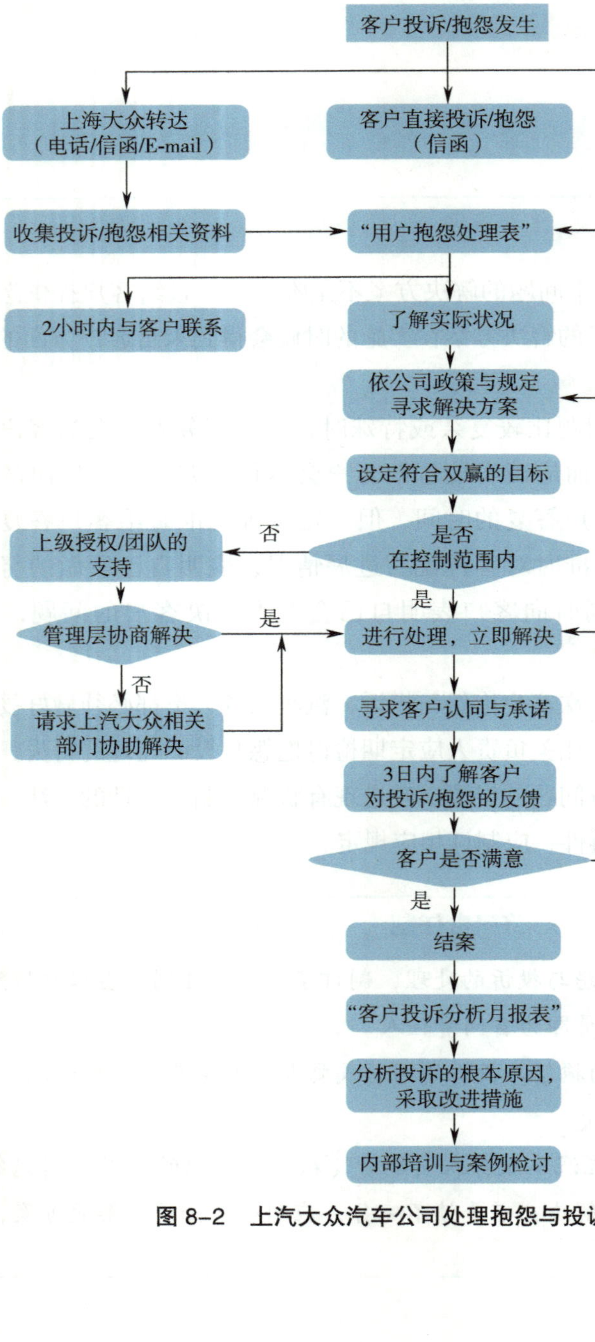

图 8-2 上汽大众汽车公司处理抱怨与投诉的流程及步骤

多学一点

处理客户抱怨与投诉的技巧

1）耐心多一点。
2）态度好一点。
3）动作快一点。
4）语言得体一点。
5）补偿多一点。
6）层次高一点。
7）办法多一点。

知识巩固

1. 应从哪些方面开展潜在客户的关爱活动？

2. 推荐潜在客户的渠道有哪些？

3. 客户抱怨与投诉的解决原则是什么？

4. 如何做到客户抱怨与投诉的解决的首问责任制？

参考文献

[1] 林凤，陈佳伟，赵一敏 . 汽车营销策划基础与实务（配实训工单）[M]. 北京：机械工业出版社，2020.

[2] 周亚 . 汽车销售实务 [M]. 北京：高等教育出版社，2019.

[3] 申荣卫 . 汽车销售实务 [M]. 2 版 . 北京理工大学出版社有限责任公司，2019.

[4] 王丽霞 . 汽车销售实务 [M]. 北京：机械工业出版社，2019.